COMPRENDRE L'AUTORITÉ

L'UNE DES CLÉS INDISPENSABLES POUR VOTRE PROMOTION ET ÉLÉVATION EN DÉPIT DES TURPITUDES DE LA VIE

Dʀ JEAN HÉDER PETIT-FRÈRE

Publication de l'édition originale en langue française par :

Jean Héder PETIT-FRÈRE, D. Min.
Pasteur sénior du Centre Diplomatique Famille Tabernacle de Louange (**CDFTL**) et Président fondateur du Ministère Shabach International (**MSI**)
Copyright © 2018, par Dr Jean Héder PETIT-FRÈRE

Tous droits réservés.

© Les Editions Kingdom
Pour l'édition originale, impression essai en langue française
Première impression, Février 2018

Publication et distribution légale :
Kingdom Records Unlimited (KRU)
www.krunltd.com

Pour tout renseignement, veuillez-vous adresser à :
Jean Héder PETIT-FRÈRE & Ministères (JHPFMI)
77, rue Cayemite prolongée, Waney 93
Carrefour, Haïti (W.I)
Téléphones: (509) 3939-1212 / 2949-1212
Site Web: www.jeanhederpetitfrere.com
E-mails: jhpfmi@gmail.com et jhpetitfrere@gmail.com

Conception & mise en page : *Artwork.ht (+509 2811 2811)*

ISBN 978-1-7346914-2-9

SOMMAIRE

DÉDICACES   1

NOTE DE L'ÉDITION   3

AVANT-PROPOS   5

INTRODUCTION DE L'AUTEUR   8

CHAPITRE 1   11

Qu'est-ce que l'autorité ?

CHAPITRE 2   25

Comprendre le principe de l'autorité

CHAPITRE 3   **43**

Application du principe de l'autorité

CHAPITRE 4   **69**

Autorité, pouvoir et éthique

CHAPITRE 5   **89**

La raison d'être du principe d'autorité dans le dessein de Dieu

CHAPITRE 6   **103**

L'autorité et le service

CHAPITRE 7   **115**

Le danger de la rébellion

CHAPITRE 8   **123**

Pourquoi les gens sont-ils si hostiles aux autorités ?

CHAPITRE 9   139

Les caractéristiques de l'esprit de rébellion

CHAPITRE 10   161

Autorité et liberté

CONCLUSION   169

DÉDICACES

Je dédie cet ouvrage au peuple haïtien et à tous ceux à travers le monde qui, comme eux à certains degrés et en quelque domaine que ce soit, sont victimes d'abus d'autorité de manière régulière et constante. Je le dédie également à tous ceux et celles méconnaissant toute l'étendue du concept « *Autorité* », les gouvernants et gouvernés, qui sont tout aussi victimes de leur apprentissage faussé vis-à-vis du concept qui se diffère de la conception originale du Créateur. Puissent-ils retourner à la Source en vue de corriger ce qui doit être corrigé !

Car, croyant fortement que le changement est encore possible, je prie que ce livre leur apporte une certaine lumière pour leur propre émancipation consciencieuse et bénéfique. « *Or, là où la raison d'être d'une chose n'est pas connue et respectée son abus est inévitable* ». Aujourd'hui, la Mère-Patrie se trouve dans cette situation difficile à cause des autorités, et malheureusement, c'est par elles, qu'elle se doit de s'en sortir. L'autorité devient donc un mal nécessaire.

NOTE DE L'ÉDITION

Chers lecteurs et amis,

Vous tenez présentement entre vos mains l'un des rares cadeaux que vous puissiez offrir à vous-mêmes et à toute personne qui vous est chère. Quoique d'une importance fondamentale, « *Comprendre l'Autorité* » constitue un sujet d'envergure autant impopulaire que nécessaire.

Notre pays, notre famille, notre travail, notre église, nos relations et tout notre alentour pourraient nous être bien plus avantageux et plus accomplis si seulement nous avions su que toutes les autorités, quelles qu'elles soient, ont été établies non pour profiter de nous mais pour nous aider à expérimenter la vraie liberté à laquelle notre esprit s'est rendu inhérent.

« *Comprendre l'Autorité* » est un ouvrage destiné tant aux détenteurs d'autorité, aux aspirants, qu'à tous ceux prétendant être les holocaustes de leurs machinations ou de leurs ingérences. L'auteur, ose espérer que l'application en bonne et due forme et l'attention soutenue que vous accordez aux idées partagées contribueront inéluctablement à de nouvelles expériences. En ce sens que vous y trouverez, nous en sommes persuadés, des éléments de réponse à des questions longtemps suspendues, entre autres : ***Votre raison d'être sur la terre et votre destinée.***

Pour Kingdom Records Unlimited,
Emmanuel LOUISSAINT
© mai 2020

AVANT-PROPOS

Comme tout vrai leader, appelé à être d'abord soumis à un mentor et un entraînement adéquat, l'auteur de ce livre a dû confronter à la lumière de la parole Révélée l'ensemble des normes selon lesquelles s'est progressivement illustré à lui le concept de l'autorité. Comment donc une telle confrontation ne s'imposerait-elle pas si l'on tenait compte que l'auteur retrace au fil de ces pages ce qu'il a vécu ?

En effet, j'ai connu le pasteur Petit-Frère, alors jeune étudiant à l'école biblique Christ for the Nations de la Jamaïque. Plein de fougue pour les affaires de Dieu et d'amour pour son pays d'origine, ce disciple exemplaire se faisait surprendre par son trait de caractère et ses curieuses particularités.

Dès mon premier contact avec lui, j'ai tout de suite senti l'attraction spirituelle, ses louables motivations, son sens du sérieux et du devoir. Par la suite, ses objectifs et les décisions qu'il aura prises de retourner dans son pays natal, alors qu'il n'en manquait ailleurs d'autres occasions plus profitables, le distingueront effectivement des autres jeunes étudiants haïtiens à l'Institut.

Et pour avoir été moi-même un serviteur ayant expérimenté et complété ce long processus de soumission et d'accomplissement, j'ai approuvé de bon cœur son sens du devoir qui l'oblige à se soumettre de son gré à mon autorité spirituelle en vue de réaliser son plein potentiel, et ceci pour la plus grande gloire de notre Seigneur. Cela signifie qu'il est un disciple soumis à son tour à un processus de mutation : De disciple à leader et de leader à un agent de changement. Aussi, m'a-t-il toujours rendu fier et contraint d'être à tout bout de champ au mieux de ma forme dans mon ministère et dans mes affaires personnelles.

Par conséquent, aujourd'hui, je peux témoigner de son autorité à élaborer sur un sujet aussi mal vu et controversé. Et pour avoir été lui-même un leader soumis à d'autres autorités supérieures, il est sans nul doute un auteur plus émérite et mieux authentifié.

Ce livre, truffé de sagesses et d'expériences utiles, se doit d'être dorénavant votre livre de chevet, à moins que vos désirs ne se convergent pas tous vers la réussite, quelle qu'elle soit. Puisse, comme moi, la lecture de ces pages vous procurer le plaisir de mieux comprendre Dieu et les principes qu'Il a établis. Car ils vous feront vivre dans le bonheur et la longévité. C'est une garantie !

Avec affection,

Dr Richard PINDER[1]

---

1 Remarque importante : Cet avant-propos *post mortem* et la publication de ce livre ont suivi quelques années après le crash tragique de l'avion dans lequel se trouvait notre très cher regretté pasteur. Ce terrible accident survenu le 14 novembre 2014 est la marque indélébile d'une profonde douleur encore vive et indigeste.

INTRODUCTION DE L'AUTEUR

La problématique d'égard et de soumission à l'autorité ne date pas d'hier. Elle remonte avant même la création, au temps de la révolte de Lucifer. Et également, au moment où l'homme avait reçu le pouvoir de penser et de décider de son propre chef. Celui-ci, en effet, appelé à choisir et à définir lui-même son devenir ici-bas, avait envisagé cette noble responsabilité avec peu de brio, beaucoup de désappointement et d'indignité. Cela peut être dû au fait que la mauvaise appréhension et la complexité caractérisait ce don, mais un fait demeure certain qu'il a pitoyablement échoué en choisissant à tort de ressembler avec Celui qui l'avait typiquement créé à son image, selon sa propre ressemblance.

Dieu, cependant, n'a jamais prétendu encombrer l'esprit de l'homme d'une vertu dont l'exercice, à peine possible, ne cesserait de hanter le sens d'initiative de ce dernier. L'homme, par contre, l'entrevoyait ainsi. Aussi, pour lui, il n'a pas pu être autrement. Depuis lors, l'humanité se retrouve immergée dans un abîme inextricable de méfiances, d'inharmonies et de désaccords. À cause des préjugés (*préconceptions*) inspirés par son instinct d'animalité, l'homme se méfie de l'homme et donc, de lui-même. Les précieuses Lois de Dieu sont oubliées au profit des lois du talion et des moyennes. Ainsi, advient le monde d'iniquités, d'inimitiés, de rébellion et d'irrespect mutuel dans lequel nous vivons aujourd'hui.

Le détenteur de l'autorité fait un mauvais usage de son don, la plupart du temps, pour empiéter sur le droit commun et se faire valoir. L'autorité, dès lors, semble engendrer ou se transmuer en des doctrines politiques affreuses entre autre le Totalitarisme, l'Anarchisme ou le Despotisme. Ces déformations ont intégré le courant sanguin des hommes si bien que Max Stirner eut à dire : « *J'ai le droit de faire tout ce que j'ai la puissance de faire. Le tigre qui bondit sur moi a raison, moi qui l'abats ai également raison. Celui qui a la force a le droit, qui n'a pas l'un n'a pas non plus l'autre.* » Tous les concepts se confondent : autorité et pouvoir, liberté et autonomie, l'état et force, énergie et violence ; et les conséquences qui en découlent sont néfastes et assez considérables. Ces conséquences sont évidentes dans les familles, au sein des institutions (*églises, écoles, entreprises, bureaux publics etc.*) et définitivement au sein du système gouvernemental.

Il y a lieu de recourir à la source afin de reconsidérer nos choix et porter remède à cette épidémie qui semble sur le point d'anéantir les valeurs humaines à tous les points de vue. Mais lequel d'entre nous n'a jamais été assez hardi pour entreprendre une telle initiative ? Du reste, chacun conçoit en son for intérieur un potentiel insurgé ou, pour certains d'entre nous, nous aspirons à une position d'autorité seulement pour assouvir notre ego. C'est le système du monde qui est devenu infecte. On n'a pas intérêt à s'en défaire ; et cependant la « *lumière s'élève dans les ténèbres pour les hommes droits.* »

Je vous livre, dans un sentiment d'amour, de patriotisme et de destinée, ce contenu qui illustre de nombreuses années d'expériences et de recherches. Lisez-le avec attention et intelligence, relisez-le avec conviction et ouverture d'esprit, refaites-le avec passion et plaisir toutes les fois que vous le jugerez nécessaire. Retournez à vos autorités et soumettez-vous en, sachant que cela ne saurait d'aucune manière vous causer de préjudice.

Voilà, je confie ce bouquin au soin de votre sens priseur pour les livres et votre intérêt pour la lecture, espérant que vous allez en faire le principal objet de vos moments de prédilection votre ouvrage de chevet. Puissent les heures passées à le lire, l'étudier et le ruminer faire que vous et moi deviendrons intimes sans le savoir.

CHAPITRE 1

Qu'est-ce que l'autorité ?

1. Généralités

L'importance et l'utilité du principe de l'autorité n'omettent pas qu'il soit, à travers le temps et l'histoire, et continue d'être encore aujourd'hui une notion assez controversée. Souvent, c'est un principe mal connu et, par conséquent, toujours mal compris et mésinterprété. Cette incapacité à percevoir correctement l'autorité et ce manque d'indulgence à son égard sont souvent dus soit à une mauvaise expérience, soit à l'ignorance ou à notre propre nature. Mais il est clair que d'une manière générale, aucun homme ne se soumet à l'autorité de son propre gré. C'est peut-être parce que nous avons été créés par Dieu pour dominer, et donc le simple fait de recevoir des ordres venant de quelqu'un d'autre provoque en nous un sentiment de révolte. Il nous faut parfois une force contraignante, un intérêt mesquin ou une idée plus ou moins claire, avant de savoir ce qu'est substantiellement la notion de l'autorité et d'accepter le leadership d'un chef dans notre vie.

Nous devons savoir également que le fait d'avoir été victimes d'un système d'autorité épuisant ou asservisseur, ne nous donne aucunement la latitude d'ignorer la loi. Car l'incompréhension de l'autorité produit toujours la subversion; et c'est de ce désordre que naissent la régression et la décroissance. L'ignorance de l'autorité est donc synonyme de désorganisation et d'embrouillement. Lorsque dans un pays, il y a absence ou incompréhension de l'autorité, il y a lieu de croire que ce pays-là sombrera à coup sûr, quoique lentement, dans une grande confusion ; car l'ignorance de l'autorité ne peut que générer l'anarchie.

Dans tous les pays du monde, le désordre résulte soit de l'ignorance ou d'une désobéissance intentionnelle vis-à-vis de l'autorité. Lors de son investiture, un ancien chef d'état haïtien, prononçant son allocution, disait d'un ton répressif et responsable ces mots : « *Je vais restaurer l'autorité de l'état !* » Qu'est-ce que cela implique? Pourquoi avait-il besoin de rétablir l'autorité bien avant son entrée en fonction ?

Il y a deux explications susceptibles de découler de ces interrogations : Tout d'abord, ce président avait conscience que l'autorité de son prédécesseur avait été bafouée. Ensuite, il avait compris qu'aucun leader, pas plus que lui-même, ne pourra réussir dans le désordre et la confusion. Conséquemment, il s'est avéré nécessaire, comme c'est encore le cas aujourd'hui, de redéfinir le concept de l'autorité pour les gens et leur montrer comment l'autorité et ses principes peuvent être favorables à leur émancipation et à leur croissance ; même si, à priori, cette tentative risque de se révéler, pour certains gens, d'un usage hallucinant.

2. Comprendre le concept de l'autorité

De quelque façon que l'on puisse percevoir l'idée de l'autorité, elle laisse toujours pressentir une certaine légitimité. À la base, cette notion de légitimité renvoie à la provenance de l'autorité et à la véritable raison pour laquelle elle avait été conçue. L'autorité, dit-on, existe en vue d'assurer le respect de la loi. Or la loi, au regard de tous les hommes, est de prime abord perçue comme étant un élément contraignant, un objet qui nous prive de toute « *liberté* ». En conséquence, l'idée de l'autorité interpelle tout bonnement des dérivés tels que la puissance, le pouvoir, l'état, etc.

Cependant, il est nécessaire d'observer distinctement les traits de dissemblance qui dissèque ces concepts. L'utilisation du mot puissance[1] peut impliquer un mécanisme aveugle[2], tandis que le pouvoir engage au-delà de ce mécanisme un titulaire et une méthode propre de procéder. En termes plus simples, la puissance est une forte influence, une grande domination exercée par un être sur d'autres, tandis que le pouvoir, c'est l'aptitude à exercer cette domination, l'ordonnance légale ou la faculté à décider et à agir dans les limites de cette domination.

Ainsi, il y a autorité d'une personne sur une autre quand celle qui s'y soumet reconnaît la légitimité du pouvoir de l'autre qui gouverne. Or, on n'est pas sans savoir que la légitimité de l'autorité dépend généralement de son utilisation dans le cadre des normes définissant son étendue et des mécanismes sociaux par lesquels elle est appliquée. Aussi, au-delà du pouvoir qui à lui seul est insuffisant, il y a l'autorité qui revêt toujours une forme de légitimité, c'est-à-dire un aspect légal du pouvoir. L'autorité, quant à elle, étend son essor dans les limites du droit[3] que procure le pouvoir. Dès lors, le concept de l'autorité devient une idée floue puisque tous les hommes ou presque sont confus quant à sa perception, sa raison voire son usage.

Ce peut être l'autorité qui est énigmatique en soi. Et pourtant, aussi intruse que puisse paraître la seule idée de l'autorité, c'est elle qui détermine notre faculté d'agir et les règles par lesquelles nous jouissons

---

1	étymologie latine, 'potens' (c'est-à-dire une force, une influence ou une énergie).
2	Combinaison sans pouvoir de discernement et analytique, agencement de pièces, d'organes, montés en vue d'un fonctionnement d'ensemble. Théorie philosophique admettant qu'une classe ou que la totalité des phénomènes peut être ramenée à une combinaison de mouvements physiques.
3	Étymologie latine, 'directum' (c'est-à-dire direction, instrument permettant à déterminer l'orientation des activités d'un groupe, d'un service ou d'un établissement). Rappelons au passage que le droit peut indiquer ici toutes lois ou dispositions réglementant les rapports humains à tous les points de vue.

de notre droit. Elle exige du système en place ce qui nous revient de droit. Nous vivons dans un monde de complément. Il faut identifier et associer toutes les pièces du puzzle avant de pouvoir constituer l'image parfaite.

Il n'y aurait point de véritable liberté pour les hommes s'ils n'avaient pas été contraints à des lois. Du reste, que serait la loi ou la liberté à elle seule ? Dans l'état même de nature, l'homme n'est libre qu'à la faveur du principe universel qui coordonne le monde extérieur. L'homme libre obéit, il ne sert pas ; il a des chefs[4] et non des maîtres. Il obéit aux lois, mais ne fait que cela ; et c'est par la force des lois qu'il n'obéit pas aux hommes.

3. La légitimité et la légalité de l'autorité

La légitimité d'une autorité désigne, dans ce contexte, une caractéristique symbolique dont l'obtention est indispensable pour justifier son action ou son intervention. Par ce raisonnement, la légitimité n'est pas une caractéristique attribuable à une personne en charge d'une quelconque autorité. En d'autres termes, la légitimité introduit non le détenteur de l'autorité mais la fonction qu'il occupe.

Par exemple, un homme dans la fonction de député jouit de l'immunité parlementaire qui constitue la légitimé de cette fonction. Ainsi, pour arrêter ou destituer un député, accusé de délit de fraude ou d'injustice, il faudra tout d'abord, selon la loi, lui enlever son immunité qui est un privilège conféré non à l'individu, mais à la fonction ou au statut ; ce qui lui permet d'échapper à la juridiction commune.

Aussi, la légitimité se distingue de la légalité qui, au fait, n'en constitue qu'un élément. Cette distinction est d'autant plus importante

---

4   C'est-à-dire des guides, des entraîneurs ou des modèles dont il suit la trace.

que légitimité et légalité peuvent parfois entrer en conflit. Tel est le cas pour ce qui concerne les modes d'action politique extra-légaux qui se proclament néanmoins légitimes : tyrannicide, révolution, terrorisme ou coup d'État. La recherche de la légitimité et la volonté de délégitimer l'adversaire sont des enjeux caractéristiques de la vie politique. Ainsi, les éléments constitutifs de la légitimité font l'objet d'une redéfinition permanente par les acteurs en conflit. En dernière analyse, la légitimité procède au mélange de consentement et de reconnaissance, tacite ou non, ainsi que de conformité à certaines règles formelles, par lesquelles se dégage un consensus suffisant à rendre la société gouvernable.

4. Autorité et Pouvoir

Le pouvoir, ce n'est pas seulement la capacité mais également l'attribution pour faire quelque chose ; tandis que l'autorité, c'est le mandat légal par lequel nous obtenons le droit pour faire cette chose. En d'autres termes, le pouvoir ne suffit pas à lui seul. Au reste, le pouvoir a été conçu pour être manœuvré par une autorité. Par exemple, la police est un pouvoir soumis à l'autorité d'un premier ministre qui lui, est le commandant en chef du CSPN[5].

L'autorité donne des directives au pouvoir. En d'autres termes, elle détermine et conditionne les actions du pouvoir. Si vous me permettez d'illustrer cela en prenant l'exemple d'une automobile : On dira que l'autorité, c'est le volant, c'est-à-dire l'organe de commande ou de direction ; tandis que le pouvoir, c'est le moteur du véhicule, et donc le dispositif de mouvement ou de la mise en branle. Cette illustration s'approprie si bien que lorsque le pouvoir n'est pas soumis à une autorité, le désastre devient inéluctable. La raison en est que l'autorité a été instituée pour tenir la bride haute au pouvoir ; elle détermine les

---

5   Le CSPN désigne, dans le système judiciaire haïtien, le Conseil Supérieur de la Police Nationale. Ce conseil est dirigé par un premier ministre, qui est aussi le chef du gouvernement.

limites du pouvoir.

Certains gens perçoivent les limites comme une mauvaise chose. Ils pensent et ils le pensent vraiment que les règles ont été établies, dans le seul but de les empêcher de jouir de leur liberté. Ne comprenant pas que les lois qui les empêchent de nuire aux autres sont les mêmes qui empêchent aux autres de les nuire, ces gens sont souvent victimes de leur propre ignorance et en paie toujours les conséquences. Car ceux qui s'amusent à saper les fondements de l'autorité en enfreignant la loi doivent inévitablement assumer les conséquences des actes qu'ils posent. Les bornes d'un arpenteur vous empêchent d'empiéter sur le terrain du voisin dans la même mesure qu'elles évitent au voisin d'enjamber sur le vôtre. Elles vous interdisent d'aller autant qu'elles interdisent aux autres de venir.

Il faut que nous apprenions à voir l'autorité telle que Dieu avait voulu que nous la voyions. L'autorité est une sorte de plan de protection élaboré en vue de notre émancipation à tous les points de vue. Plusieurs personnes, dans un élan de contestation, vont s'empresser de faire objection à une telle idée ; car seulement celles qui comprennent vraiment la raison de l'autorité n'accepteront jamais de ne pas avoir une tutelle à qui se soumettre. André Gide a dit : « *Le désir de me protéger contre moi-même m'impose de me maintenir continuellement en tutelle.* »

Aussi, la rébellion émerge de l'ignorance de l'homme. L'homme qui a acquis la connaissance et la compréhension de l'autorité se contiendra lui-même de demeurer à l'abri d'une autorité. L'autorité est le véhicule que Dieu utilise pour nous permettre de maximiser nos potentialités. C'est comme le courant électrique qui est un bienfait ineffable quand il est contrôlé par un fusible, un interrupteur et des fils conducteurs bien isolés. Lorsque le courant est régularisé par une boîte de distribution, la maison profite du bien-être qu'il prodigue. Tandis que sans le contrôle des fusibles, le courant peut incendier la maison et même foudroyer les personnes susceptibles de s'y trouver. Aussi, peut-on déduire de l'incendie, qui est survenu et qui a embrasé la maison, provient de l'absence de l'autorité du fusible et donc, de l'énergie électrique qui n'était pas contrôlée.

5. La liberté et l'indépendance

Le monde de la liberté est aussi régi par des lois de causalité. En vrai, la liberté ne consiste point à agir selon notre propre bon vouloir. Il y a, en effet, des moments où nous pouvons faire ce que nous devons et d'autres où nous en sommes contraints. En ce sens, la liberté diffère de l'indépendance. L'indépendance, c'est de l'autonomie. Une personne autonome se meut en dehors de tout rapport de dépendance, de contrainte, de loi et d'autorité. La liberté, c'est le libre arbitre, la faculté par laquelle nous nous déterminons de par nous-mêmes, en dehors de toute contrainte.

En d'autres termes, en présence d'une tendance naturelle vers le mal, la liberté choisit. Par elle, nous choisissons de faire notre devoir, de respecter et d'observer les lois, de nous soumettre aux autorités supérieures, et cela simplement parce que nous sommes libres et aspirons à jouir continuellement de cette liberté. Cependant, comment affronter le côté opposé de l'autorité amenant certains qui en sont détenteurs à s'en servir pour s'élever au-dessus des lois et au détriment d'autrui. En cela, il n'est point profitable d'attarder, de commenter ni même d'opiner ; puisqu'il révèle d'un « *devoir moral* » de se soumettre aux autorités supérieures sans qu'il ne soit nécessaire de rendre compte des circonstances, de l'opinion ou du sentiment personnel.

6. Autorité, moralité et injustice

Le bien-fondé de l'autorité et la notion de légitimité qui s'y associent sont indéniables. En réalité, la conscience en elle-même appelle à la soumission et au respect d'une autorité. Il devient dès lors nécessaire de situer l'obligation morale par rapport au fait d'être forcé ou contraint. Il ne s'agit pas de savoir si nous respectons l'autorité lorsqu'elle n'est pas contraignante ou si nous lui obéissons par crainte d'un châtiment ; il ne s'agit pas d'abandonner sa conscience aux législateurs ; mais il s'agit plutôt de savoir comment réagir lorsque nos intérêts et ceux de l'autorité divergent ; lorsque ce qu'elle nous demande de faire ne relève pas de nos convictions intimes ou de nos croyances religieuses. Car, en vérité, la loi de la soumission à l'autorité n'est pas toujours applicable dans l'accord ni dans l'harmonie.

La soumission, c'est d'accepter de faire ce qu'on nous demande de faire même lorsque nous ne sommes pas tout à fait d'accord. Se soumettre, ce n'est pas chercher à comprendre ni à plaire mais c'est seulement faire ce qu'on nous dit de faire parce que nous devons obéir. De plus, nous ne pouvons décider à quelle loi obéir et laquelle négliger ou ignorer, car si c'était le cas nous ne serions pas forcés de nous arrêter aux feux rouges ou de présenter notre permis de conduire à chaque fois qu'un agent de l'ordre nous le demande.

Dans ses Constitutions[6], Saint Ignace de Loyola prescrivait aux jésuites une discipline et une soumission aux autorités supérieures sans aucune forme de condition : « *Comme un cadavre*[7] », a-t-il enseigné. Néanmoins, à côté de cette forme de rigueur, il les a exhortés à entretenir une conscience pure en ne faisant que ce qu'elle ne défend pas. Mais dans le fond, cette exhortation n'évoque-t-elle pas une sorte

---

6   Les Constitutions rédigées par Iñigo de Oñez y Loyola, de son vrai nom, ne seront complétées qu'après sa mort, le 28 juillet 1556. Les jésuites joueront, à partir de ce moment, un rôle essentiel dans la mission apostolique de l'Église et mèneront un grand travail d'évangélisation missionnaire « à la plus grande gloire de Dieu » (ad majorem Dei gloriam), selon la devise de la Compagnie de Jésus.

7   « Perinde ac cadaver », selon le texte original latin.

de paradoxe ? Car comment devra réagir le garçon à qui le professeur demande d'observer une règle dont le père lui défend l'application ? La règle de l'obéissance oblige-t-elle en conscience ? Obéir simplement à l'autorité ne relève-t-il pas en soi du domaine de la moralité ? Saint Augustin a dit : À une loi injuste, nul n'est tenu d'obéir. Et cependant, il n'y a rien qui sape les fondements de l'autorité ou de la loi qui soit moral ou juste, et peu importe parfois le nom qu'on lui donne.

Essentiellement, il y a une réelle adéquation entre le respect de l'autorité et l'observation de la loi morale. La loi morale, en tant que principe de discernement du bien et du mal, doit constituer un mode ou une habitude de penser, de vivre et de sentir. Nous sommes en effet appelés à nous exercer à l'accomplissement de tout ce qui est bien : « *Tu pourras manger de tous les arbres du jardin, mais abstiens-toi de toucher à celui de la connaissance[8] du bien et du mal* ».

L'arbre du milieu révèle l'existence d'un dualisme. Cette coexistence de deux éléments opposés qui divise la nature est souvent synonyme de contraste. Cependant, c'est cette forme de dualité qui donne à chaque élément une valeur indéniable. Aussi, nous connaissons la bienfaisance du bien en expérimentant le côté odieux du mal. Le négatif nous fait penser au positif ; le oui est autant utile que le non. De la même manière, la liberté est contrôlée par le pouvoir de soumission.

Ainsi, comment un homme peut-il être amené à penser pouvoir expérimenter les bienfaits de la liberté sans se soumettre à une forme d'autorité ? Il va sans dire que l'homme du jardin n'avait pas choisi la liberté mais « *l'autonomie* » qui l'avait rendu incompatible à la nature de Dieu à partir de situation pécheresse.

---

8   Voir Genèse II 16-17

Cependant, la grâce de Dieu fait de cette dualité une perspective simple en apparence de sorte que lois et liberté, droit et devoirs se complètent au plus grand bonheur de l'humanité.

Au final, succomber à une force supérieure est un fait de nécessité et non de volonté. L'élève qui se soumet aux directives de son professeur ne le veut pas forcément, mais c'est un devoir et une nécessité pour lui s'il veut développer son potentiel et devenir un homme de bien à l'avenir. Ce n'est pas tout ce que nous faisons que nous avons vraiment envie de faire, mais il y a des actions qui sont nécessaires à notre épanouissement et à notre salut.

Lorsque Jésus s'était rendu auprès de Jean dans le Jourdain pour être baptisé par lui, celui-ci s'y opposait en pensant que c'était un acte déplacé d'immerger celui au sujet duquel il dira lui-même n'être pas digne de délier, en se baissant, la courroie de ses souliers[9]. Mais Jésus avait dit qu'il est nécessaire d'accomplir ce qui est juste[10]. En d'autres termes, obéir à l'autorité supérieure est une obligation qui s'impose d'elle-même, c'est-à-dire une situation contraignante en soi. Cependant, il est possible d'obéir diligemment et joyeusement dans le devoir.

Cette possibilité, c'est à vous qu'il incombe la tâche de la conditionner. Mais vous devez garder en mémoire que le fait de respecter et de se soumettre à l'autorité constitue en soi un acte profondément moral. Vous pouvez avoir une perception contraire, mais vous devez être pleinement convaincu de ce que vous devez faire. Car la confirmation dans votre esprit de ce que vous devez faire doit être non négociable. Il se peut que ce soit une décision difficile ou susceptible de faire de vous un être marginal, radical ou impopulaire. Les grandes décisions sont généralement mal vues. Bill Crosby a dit : « *Je ne connais pas la clé qui*

---

9   Voir Marc I 7
10 Voir Matthieu III 13-15

ouvre la porte du succès, mais je connais celle qui ouvre la chambre noire de l'échec ; c'est d'essayer de ressembler à tout le monde ou de chercher à plaire à tout le monde. »

7. Autorité et inégalité

Certaines personnes ont tendance à associer, en quelques occasions, l'autorité à l'inégalité. La plupart d'entre elles sont mêmes allées jusqu'à percevoir en l'autorité une tendance à l'hégémonie de l'homme sur son semblable. Vous et moi, comme le ferait tout penseur intelligent, savons que cela n'est point vrai. L'autorité n'implique en rien l'inégalité. Dieu a créé tous les hommes égaux avec la même étincelle de vie et le même potentiel d'existence même si notre naissance nous situe dans des contextes spatio-temporels différents; la culture et l'organisation sociale nous placent dans des situations qui par bien des aspects favorisent les uns et désavantagent les autres.

Mais quoi qu'il en soit, la vie ne saurait être ni supérieure ni inférieure à elle-même, et cette vérité est maintenue intacte du point de vue de Dieu. Autrement, Dieu serait lui-même l'artisan des images hostiles à lui-même ; et l'autorité aurait été uniquement un instrument au service des puissants et nous aurons porté au pouvoir des hommes habilement façonnés qui auraient pour mission expresse d'instaurer des lois en vue de nous assujettir, nous exploiter et amplifier leurs marges d'intérêts.

Il est toutefois nécessaire de comprendre que tout le bénéfice auquel on peut s'attendre à travers la soumission à l'autorité ne proviendra pas forcément de l'autorité à qui l'on se soumet. À peine vous comprendra-t-elle ! Au reste, l'autorité à qui vous vous soumettez peut être même celle qui vous opprime et vous outrage.

Et pourtant en deçà de cette possibilité, le principe demeure immuable : « *Si vous avez de la bonne volonté et si vous êtes dociles, vous mangerez les meilleures productions du pays; mais si vous résistez et si vous êtes rebelles, vous serez dévorés par le glaive. Car la bouche de l'Éternel a parlé*[11]! »

Jésus nous recommande dans ses précieux enseignements de penser à autrui tel que nous aimerions qu'autrui pense de nous[12]. Gare à vous ! Car le Maître n'a pas enseigné qu'autrui pensera nécessairement du bien de vous si vous faites de même pour lui. En revanche, il y a une loi divine qui veut que nous nous exercions à la perfection afin de consumer, par cette pratique, les impuretés de notre cœur et accéder à la grâce de Dieu[13]. Cette grâce n'est pas trop précieuse ni bien trop divine pour ne pas être mise à la portée de toute catégorie d'hommes. Dieu ne fait point d'acception de personne[14]. Il est universel et impersonnel. Comment un homme peut-il arriver à croire jusqu'à faire accroire que Dieu pourrait être favoritiste ? L'apôtre Jean a stipulé, dans son Évangile, que Son amour est pour quiconque Le reçoit[15]. Dans une telle conscience, aucun homme sensé ne persistera dans la voie de la rébellion sous prétexte d'être victime d'inégalité. Car, ce serait lui qui trottinerait dans le désordre, l'illégalité et la perversion.

8. D'où vient l'autorité ?

Selon la cosmogonie de Moïse, le Dieu Créateur a rendu l'homme fécond avec le pouvoir de dominer sur la création et sur tout son contenu[16]. Cette démarche du Créateur vise, à priori, deux responsabilités majeures auxquelles l'être humain ne parviendra jamais à se dérober. Ainsi, l'homme donc domine la création par délégation d'autorité. En d'autres termes, l'autorité absolue c'est Dieu, et en vertu de ce syllogisme, l'homme n'est qu'un émissaire à qui la tâche de parfaire la création a été incombée. Or qu'est devenu l'homme ? Il s'est rendu imparfait à mesure qu'il exerce son pouvoir de choisir et sa volonté de devenir. En résumé, le Dieu absolu et parfait Se trouve à l'origine d'un monde en perpétuelle évolution et y a établi un ordre de progression en déléguant Son autorité à l'homme qui s'est rendu imparfait de son propre gré.

Plus loin, dans une épître écrite à l'attention des chrétiens de Rome concernant leur devoir de soumission aux pouvoirs civils, l'apôtre Paul a stipulé que toute autorité émane de Dieu : « *Que chaque homme se soumette aux autorités en charge. Car il n'y a point d'autorité qui ne vienne de Dieu, et celles qui existent sont constituées par Dieu ; si bien que celui qui résiste à l'autorité se rebelle contre l'ordre établi par Dieu[17].* » Il serait intéressant d'apercevoir que, dans cette portion de l'Écriture, l'Apôtre n'a pas précisé une catégorie d'autorité. Il a proféré et je cite : Toute autorité émane de Dieu. L'emploi de l'adjectif indéfini « *toute* » sert de déterminant et signifie, dans ce contexte, 'n'importe laquelle' ou 'quelle qu'elle soit'. En d'autres termes, point n'est besoin de considérer le domaine auquel se rapporte une autorité ; car, en fait, toute autorité est une autorité et doit être perçue, considérée, appréciée et traitée en tant que telle.

Du reste, nous sommes tous ici pour nous exercer à la perfection. Or il n'y a point de confort ni de plaisir dans les contraintes qui impliquent d'ailleurs une certaine tendance à l'involontaire. Quel homme, en effet, obéit aux ordres expressément et promptement sinon que par crainte ou par appréhension? Et cependant, quiconque le fait - selon ce que ses intentions consistent uniquement à honorer Dieu par le biais de l'autorité établie - ne peut que s'exercer à la vertu. En cela, dirais-je à l'instar de l'apôtre bien-aimé : Quoi que vous fassiez, ne s'agirait-il de la détenir, de chercher à la garder ou seulement à vous y soumettre, faites-le en vue de glorifier Dieu[18].

---

17   Voir Romains XIII 1-2 [ou jusqu'au verset 7 pour une pleine édification et une plus ample compréhension]
18   cf. I Corinthiens X 31

***

En somme, que vous en semble-t-il à première vue ? L'autorité n'est point mauvaise en soi. Ceci ne peut être que nos points de vue et notre attitude qui nous empoisonnent. Nous scrutons le contenu de notre mentalité, et selon ce que nous apercevons nous jugeons tout suivant la perception de notre monde extérieur. Aussi l'autorité, comme la plupart des choses ou des êtres que nous voyons, est définie et traitée dans la conscience même de chaque individu. Or chacun selon qu'il entretient intimement son esprit à propos de l'autorité, il en fera inévitablement l'expérience.

CHAPITRE 2

Comprendre le principe de l'autorité

Nous avons montré dans le chapitre précédent que toute autorité a un fondement légitime. C'est cette légitimité qui revêt toute forme d'autorité d'une couverture légale indépendamment de son détenteur et des contextes, ou peut-être même des circonstances ayant amené celui-ci à accéder à une telle éminence. La société malheureusement ne facilite pas notre compréhension de l'autorité. Car la plupart des autorités que nous connaissons utilisent leur pouvoir pour nous asservir au lieu de nous servir. Ce qui porte plusieurs à fuir l'autorité en guise d'être attirés par elle.

Par exemple, l'époque qui remonte à l'embargo économique imposé par les États-Unis à Haïti au début des années 90 et les turbulences socio-politiques qui sévissaient dans l'intervalle, les gens fuyaient continuellement et à longues enjambées les véhicules de police ou des forces armées. Ils avaient terriblement craint les éventuelles répressions de la police ou les hostilités des hommes armés à toute personne qui serait susceptible de témoigner son appartenance au régime déchu. Cette situation, pour le moins désobligeante, avait pendant longtemps constitué une entrave majeure à la compréhension de l'autorité et de l'état parmi les gens du peuple, et finalement ils se réjouissaient à tort de la démobilisation des forces armées et de la police nationale du pays.

Nous sommes censés être attirés par l'autorité et non la fuir. Et lorsque la situation est inversée, les résultats ne sont pas profitables d'un côté comme de l'autre. C'est à cet effet que, dans ce chapitre, nous vous proposons une étude de compréhension du principe de l'autorité. Nous osons espérer que ce bref voyage vous permettra de concevoir les raisons pour lesquelles Dieu avait constitué le principe de l'autorité et comment cela contribue essentiellement à notre émancipation ?

1. L'autorité en tant que principe divin

Nous avons dit que toute autorité vient de Dieu et qu'aucune autorité qui existe ne le peut de son propre chef[1]. Dieu est donc perçu comme étant le principal initiateur de l'idée de l'établissement de l'autorité. Cependant, il y a un sens plus profond à cette idée. L'équivalent grec de l'expression « *venir de* » est le mot « *tasso* ». Ce mot signifie créer et ordonner. Dans le latin, « *venire* » (ou venir de, en langue française) implique non seulement la provenance de quelque part mais également l'origine dans quelque chose ou l'ascendance de quelqu'un ; c'est la conséquence ou le résultat de quelque chose.

Ainsi 'venire' ou 'venir de' signifie « *être émané de* » ou « *être amené à se partager ou à faire partie de quelque chose.* » Ce qui veut dire que l'autorité ne provient pas seulement de l'Universel ; elle en constitue une partie grâce à laquelle l'ordre est maintenu dans l'univers pour un motif bien précis. En d'autres termes, l'autorité n'est pas seulement un fil qui constitue la toile de l'ordre dans la nature, mais elle est le tissu qui constitue cette étoffe.

Cependant, comme toute eau pure jaillissant de sa source, le concept de l'autorité pure à l'origine se trouble et s'infecte tout le long de son parcours pour atteindre l'humanité en revêtant une apparence telle qu'elle ne ressemble en rien à ce qu'elle était à sa source. L'autorité ne coïncide plus aujourd'hui avec son essence, vu l'idée que nous nous faisons d'elle. D'ailleurs, depuis que l'homme choisit à tort un maître et non un guide, l'humanité s'est précipitée dans un abîme de confusions et de désillusions sans fin.

---

1   Voir Épître aux Romains XIII 1-5

2. L'autorité en tant que principe existentiel

Tout d'abord, nous devons comprendre qu'il existe diverses sortes d'autorités. Il y a des autorités que nous choisissons de suivre et celles que nous sommes contraints de suivre. Ce qui nous oblige à nous soumettre à un homme en position d'autorité est la correspondance plus forte qu'il vit, représente et propose avec nos sentiments originels et naturels. C'est pour cela même qu'il existe une autorité qui émerge du fait qu'elle permet de percevoir les choses que nous désirons ou dont nous avons besoin avec plus d'objectivité et de détermination.

C'est cela la vraie autorité ; tout comme le véritable sentiment n'est pas celui qui est négatif mais celui qui est positif. En d'autres termes, l'autorité, c'est quelqu'un qui nous représente au mieux en ce que nous percevons comme manque ; ou bien en ce que nous percevons de positif en nous-mêmes. Si un homme guide un groupe en exaltant le goût pour la joie et les moments enchantés, il devient, dans ce cas, un leader et donc une autorité pour le groupe. Si au contraire, il guide sans partager la douleur ou la joie que l'on perçoit, il cesse d'être autorité. Il est un gendarme, un despote, une figure laide ou une bête noire. Lorsque les gens commencent à se dire l'un à l'autre « *c'est lui !, Il arrive ! Il arrive !* » : C'est un signe indicateur qu'il y a un problème sérieux du respect de l'autorité.

L'autorité s'interpose entre nous et le désordre. Elle nous représente en ce que nous percevons comme manque ou comme faiblesse, ou bien en ce que nous désirons le plus. Notre autorité est une personne que nous percevons avec la capacité de nous représenter mieux que ce que nous n'arriverons jamais à nous représenter nous-mêmes.

Plusieurs peuvent beau s'exclamer : en quoi telle ou telle personne peut mieux me représenter ? Plus de ce que vous percevez, plus que vous-même. C'est pour cela que l'autorité est hors de nous. Au fait, la véritable autorité est un visionnaire extatique[2], en ce sens qu'elle est capable d'anticiper les résultats dont nous avons besoin. Elle vit à des années de nos réalités et nous dépasse en expériences et en capacités. Elle représente mieux que ce que nous sommes, si bien que nous sommes souvent tentés de nous mettre à sa place.

C'est ce qui arrive, lorsque dans notre système démocratique, nous élisons des présidents, des maires ou des parlementaires. Nous nous appuyons sur les autorités que nous choisissons, nous tâchons de leur faire parler au lieu de nous soumettre à eux ; et de cette façon, nous les laissons au dehors de nous et n'apprenons pas d'elles. L'autorité est un « visionnaire » parce qu'elle est ou devrait être quelqu'un de fiable, avec une intuition juste de l'avenir. Mais nous ne pouvons apprendre d'elle que si nous la faisons entrer en nous. Or c'est seulement en apprenant d'elle qu'elle peut devenir vraie pour nous. Autrement dit, une autorité est existentielle parce qu'elle nous représente mieux que nous en sommes capables ; mais si nous nous arrêtons ici, cette autorité reste au dehors de nous, elle reste malgré cela étrangère. Donc, elle est un fardeau.

L'autorité en tant que meilleure représentation de ce que nous sommes capables de percevoir n'est pas notre ami. En général, nos amis s'accommodent de nos faiblesses, ils nous introduisent dans des zones de confort. Nous pouvons être reconnaissants à l'autorité, être éblouis par sa représentation et même être dévoués à elle, mais nous ne devons jamais la percevoir comme notre ami.

C'est de l'autorité que nous apprenons les raisons de notre tristesse, elle nous fait comprendre les raisons de notre mélancolie ou les raisons de notre joie. L'autorité est un visionnaire extatique ; c'est-à-dire qu'elle

---

[2]   Un visionnaire extatique, c'est celui qui a la capacité d'anticiper l'avenir ; parce qu'elle évolue dans un plan supérieur aux nôtres. En Grec, le mot « extase » signifie « être au dehors de soi ».

nous fait sortir de nous-mêmes pour la suivre. De nos jours cette conception vis-à-vis de l'autorité est devenue démente. En effet, sauf ceux qui guident leurs chants ou ceux qui les lancent dans le vacarme, les gens n'ont plus aucune notion significative de l'autorité. C'est ce qui a rendu le monde si vide et si dangereux.

Selon le philosophe Gluckmann : la culture de ce monde a annihilé l'idée du père, or l'idée du père est une idée suprême de l'autorité. Et si le monde a omis l'idée du père qui est une autorité innée, à plus forte raison remettra-t-il en question l'autorité que nous choisissons délibérément de suivre ?

3. Pourquoi Dieu a-t-il établi un principe d'autorité ?

Il est dit que rien n'arrive gratuitement. Ce qui pourrait suggérer qu'il y a une cause à tout ce qui arrive ici-bas. En tout cas, en ce qui concerne l'autorité, elle a bel et bien une cause pour laquelle elle avait été établie. Salomon a dit dans ses proverbes que Dieu a tout fait pour une raison[3]. Aussi, ne pourrait-il ne pas y avoir de raison donnée à l'établissement de l'ordre dans l'univers. Il est dit que l'ordre constitue la première loi du ciel. En effet, pouvez-vous concevoir que vos yeux soient placés sous vos pieds ou que votre nez soit au-dessus de votre tête. Dieu connaît mieux que quiconque comment bien disposer toutes choses dans un univers en désordre.

Ainsi, l'autorité a été conçue et établie afin que chacun puisse être amené à découvrir sa raison d'être, jouir pleinement de l'héritage qui lui a été dévolu, découvrir d'où il est issu et entrevoir où s'achemine sa destinée. Par-là, nous pouvons déduire au sujet de l'autorité qu'elle est essentielle au progrès de l'homme.

De plus, la vérité selon laquelle l'homme a été conçu à l'image et

---

3   Voir Proverbes XVI 4

selon la ressemblance de Dieu implique indubitablement que l'homme est un esprit libre. Il est libre en lui-même et il est libre en Dieu. En d'autres termes, domination et liberté ont un rapport qui ne peut être perçu qu'à travers la lucidité de l'intelligence. Certes, l'Homme est appelé à dominer sur tout ce qui bouge sur la planète, mais non sur son semblable. L'homme est appelé à dominer sur la création dans toute son intégralité.

Il va sans dire que la liberté des hommes et l'existence de l'autorité sont cramponnées l'une à l'autre. Car c'est dans le royaume des lois communes que les hommes sont véritablement libres. Aussi, est-il nécessaire de conserver l'intégrité de l'idée de l'autorité en la percevant non en tant qu'une personne souveraine et distincte, mais en tant qu'une grâce merveilleuse disponible en Dieu en vue de l'acheminement sûr de l'homme à sa destinée.

4. L'Autorité : un principe à observer

Monter ou alimenter un mécanisme de révolte contre une autorité, c'est se mettre à sa place. Or remplacer une autorité, c'est à la fois l'éructer et la juger inapte et indigne de votre soumission. Par une telle attitude, vous déduisez vous-même être mieux qualifié pour jouer son rôle. Cela s'appelle « *auto proclamation* ». En s'auto proclamant, on devient autonome. Or il n'y a aucune forme d'autorité qui puisse évoluer en autarcie. Car l'autorité a besoin de gens pour se soumettre à ses ordres, afin qu'elle puisse s'exercer, évoluer et devenir mature.

Et donc, aucun homme ne peut régner sur lui-même. De ce fait, un pasteur a besoin d'une assemblée de croyants. Un homme est véritablement professeur parce qu'il a une classe d'élèves qui suit assidument ses enseignements et un autre est considéré comme étant le président parce qu'il a d'abord été mandaté aux urnes démocratiques et qu'ensuite a été investi d'autorité pour mener à bien la destinée d'une nation existante.

Comprendre le principe de l'autorité

Il est fondamental de comprendre qu'aucun outrage causé par la résistance aux autorités ne restera impuni. L'apôtre Paul a stipulé péremptoirement : Personne ne s'oppose à une autorité sans attirer sur lui-même une condamnation[4]. En d'autres termes, dans l'obéissance tout comme dans la désobéissance à l'autorité, la loi universelle de Compensation est mise en branle : Tout ce qu'on rayonne, on l'attire dans une mesure décuplée, dans ce siècle-ci et jusque dans l'éternité.

Chaque homme devait avoir suffisamment de bon sens pour repousser énergiquement toute convoitise contraires aux lois éternelles de Dieu. S'il le faisait tout bonnement, ce serait bien trop simple. La plupart du temps, l'homme pense que l'exercice de toute responsabilité importante doit forcément impliquer des « *abracadabrants* ». Aux grands maux, les grands remèdes, pense-t-il.

Il n'est point donné à l'instinct animal d'apercevoir le large horizon[5]. Son état naturel même exige qu'il demeure dans les crevasses des grottes[6] pour continuer à se familiariser dans les grossièretés des images mentales qu'il projette. L'homme prudent, au contraire, accède facilement à la sagesse. Le discernement lui provient de loin, dans l'inaccessible et dans les profondeurs de son être. Il est normal que l'homme intelligent agisse à l'opposé du fou. N'ont-ils pas reçu la même grâce devant Dieu ? Le sage cependant s'est appliqué dans son cœur à connaître, à sonder et à chercher la sagesse et la raison de toutes choses ; à comprendre la folie de la méchanceté et la stupidité de la sottise[7].

---

4 Voir Romains XIII 2
5 Voir Matthieu VII 6
6 Par analogie au « Mythe de la Caverne », cf. La République, livre septième, 514b-517c, par Platon (entre 420 et 340 Avant Jésus-Christ).

7 Voir Ecclésiaste VII 24-25

Jésus a enseigné de rendre à César ce qui est dû à César et à Dieu ce qui revient à Dieu[8]. Cela signifie que nous devons obéissance et respect à toute autorité sur terre comme aux cieux. Car quoique les côtés opposés d'un dualisme, Dieu et César constituent les deux faces opposées d'une même médaille. Du reste, l'autorité de César émane de Dieu, car il n'est point d'autorité qui ne vienne d'En Haut[9]. Or de Dieu n'émane que ce qui est parfait. Ainsi, la soumission aux autorités est donc payante. Payante, en ce sens qu'elle nous permet de revenir à Dieu qui a institué le principe de l'autorité en vue de notre perfectionnement.

5. Représentation divine de l'autorité

L'Écriture dit : « *Je suis l'Éternel, ton Dieu [...] Tu n'auras pas d'autres dieux devant ma face*[10]. » L'Éternel, c'est la plus parfaite représentation de l'autorité. Sur le plan terrestre, nous ne pouvons pas voir Dieu. Cependant, nous Le regardons dans la famille à travers notre père et notre mère, à l'église nous le suivons à travers le pasteur, les diacres et les leaders ; à l'école nous pouvons L'obéir en nous soumettant au directeur et aux professeurs ; au bureau, Il se fait représenter par le patron et les superviseurs ; et définitivement dans toute nation, Dieu peut être perçu à travers le président, les ministres, le chef de police, les maires etc.

De cette façon, avoir d'autres dieux devant la face de l'Éternel signifie s'insurger contre une autorité. Ce qui nous amène à déduire que l'autorité du Ciel est illustrée et représentée par le biais de celles qui sont établies sur terre. Hormis sur la terre, l'autorité est déléguée à des hommes qui, la plupart du temps, s'en sont rendus indignes. Dieu commande l'univers entier au moyen de ses lois. Et certaines d'entre elles stipulent que nous moissonnerons tout ce que nous aurons semé.

---

8 Voir Matthieu XXII 21 [à comparer avec Marc XII 17 et Luc XX 25)
9 Comparer Romains XIII 1b avec Jacques I 17
10 Voir Exode XX 3- 5 et 6

Dans ce contexte, personne n'ose s'opposer à Dieu sans perdre d'avance et expérimenter du même coup le revers de la médaille : « Car moi, l'Éternel, ton Dieu, je suis un Dieu jaloux, qui punis l'iniquité des pères sur les enfants jusqu'à la troisième et la quatrième génération de ceux qui me haïssent, et qui fais miséricorde jusqu'en mille générations à ceux qui m'aiment et qui gardent mes commandements.

6. Comprendre l'autorité nécessite une conversion

Par 'conversion', nous entendons un changement de mentalité et de point de vue ; la conversion est un renversement de la vision et de l'intelligence. Cette conversion est une nécessité autant pour l'homme en fonction d'autorité que pour celui en devoir de s'y soumettre. Tout d'abord, l'homme en charge de l'autorité est un serviteur. Il est le dernier même lorsqu'il est premier ; il est le serviteur même lorsque vraisemblablement il paraît être celui que l'on sert. Dans les Saintes Écritures, il est écrit ce qui suit : « *Si vous ne vous convertissez et si vous ne devenez comme les petits enfants, vous n'entrerez point dans le Royaume des cieux[11].* »

Convertir signifie retourner, faire volte-face ou revenir au lieu de départ. Il y a en effet tellement de notions qui nous échappent, amplement de concepts qui passent sous nos sens. L'esprit d'enfance, c'est l'intelligence libre et pénétrante ; la faculté d'ouverture à ce que, pour la plupart d'entre nous, n'est rien que du 'merveilleux'. Les enfants ont le visage innocent et le caractère ouvert. Ils sont francs et sincères. Ils n'ont pas l'esprit encombré de préjugés. Il semble évident que le monde contemporain ne comprend pas ce que les mots 'conversion' et 'maturité' veulent vraiment dire. Un homme 'adulte' devrait être capable d'orienter lui-même sa vie selon ce qu'il entretient librement son esprit. Tout adulte doit pouvoir le faire, et cela aurait été bien.

---

11   Voir Matthieu XVIII 3-4 [à comparer avec Marc IX 35]

Cependant, la volonté de Dieu doit toujours lui servir d'étalon pour choisir juste et mesurer ses actes.

« Vous m'appelez Maître et Seigneur; et vous dites bien, car je le suis ... et cependant je suis parmi vous comme celui qui sert. »

L'autorité n'est pas là pour nous asservir ni s'opposer à notre développement. L'autorité fait partie de ceux qui s'interposent entre nous et le chaos. Elle n'est pas notre meilleur ami. Nos amis s'accoutument à nos faiblesses, mais l'autorité va botter hors de notre vie tout ce qui n'est pas utile à notre épanouissement spirituel et matériel. L'autorité est un guide, elle va au-devant de nous pour éclairer la route qui conduit à notre destinée. L'autorité de notre vie est un projecteur que Dieu a placé sur le chemin de notre réussite. Elle est l'étoile Polaire qui nous indique l'endroit où sont enfouis les meilleurs délices de ce monde. L'autorité est un guide et la marque d'attention que nous accordons au guide détermine les évènements et les expériences de notre vie.

7. L'autorité est un protecteur.

L'idée de concevoir l'autorité comme un bienfaiteur n'est pas une pilule facile à avaler. C'est compréhensible, étant donné la façon dont nous avons été élevés et conditionnés. Peut-être même en lisant ce paragraphe, vous êtes en train de vous représenter comme une autorité abusant de son influence et de sa position pour escroquer, opprimer et se faire valoir. Cependant, ce n'est pas à l'autorité de changer, du moins ce n'est pas à vous qu'il appartient de la juger ou de la changer. À vous, il incombe uniquement de changer votre attitude et vos points de vue à son égard.

Changez le contenu de votre mentalité. Cherchez à percevoir toutes les autorités telles que vous devez les voir. Une attitude mentale transformée change tout. Commence par dire que l'autorité est là pour mon propre bien - peu importe, je l'avais choisie ou non - Personne ne choisit son père, et cependant, indépendamment des qualités ou des défauts qui pourraient le caractériser, il est formellement recommandé à tout homme d'honorer son père.

De plus, aucun père n'est contraint d'être bon et responsable ou au contraire d'être désobligeant et irresponsable. Pourtant nous devons tous les honorer ; nous pouvons ne pas aimer notre père, mais nous ne pouvons en aucune circonstance le manquer de respect ou ne pas accomplir à son égard tout le devoir qui se rapporte à notre rôle de fille ou de fils. En d'autres termes, ce n'est pas la personne en charge de l'autorité qui doit vous importer, mais le principe que Dieu a établi et en fonction duquel Il se réserve le droit de vous juger et de vous récompenser. Quel que soit l'autorité, elle ne peut que vous aider à croître, à vous épanouir et vous élever vers les cimes célestes où s'attroupent les aigles et les grands gagnants de ce monde.

8. Il n'y a pas de roses sans épines.

Il se peut que des oppositions viennent d'un côté et d'autres pour vous assaillir sur le chemin de votre conversion. Néanmoins, ces difficultés ne seront pas moins douloureuses du prix à payer pour votre liberté. Toute acquisition noble comporte sa part de risque. Avec la décision d'être différent viendront nécessairement des tentations. Mais vous devez savoir aussi que même lorsque la tentation peut entraîner le chaos, elle n'est pas chaos en soi.

Au reste, la tentation n'est pas nécessairement mauvaise. Elle peut être même une bénédiction en ce sens que lorsque vous en êtes sortis victorieux, vous acquérez du même coup une nouvelle expérience utile, une maturité plus évidente et que vous serez amenés à voir plus clair dans le processus de votre croissance. La Bible dit : « *Heureux l'homme qui supporte patiemment la tentation; car, après avoir été éprouvé, il recevra la couronne de vie, que le Seigneur a promise à ceux qui l'aiment[12].* »

Par ailleurs, Jésus a dit : Le prince de ce monde vient, mais il n'a rien en moi[13]. Le prince de ce monde, c'est l'esprit tentateur, celui qui insuffle aux hommes les mauvais sentiments et les pensées impures. Le prince de ce monde, c'est l'idée venimeuse qui, une fois accéder au cœur, génère les mauvaises pensées, les adultères, les impudicités, les meurtres, les vols, les cupidités, les méchancetés, la fraude, le dérèglement, le regard envieux, la calomnie, l'orgueil, et la folie[14]. Le prince de ce monde vient' signifie qu'il est possible que nous soyons tentés. Cela signifie que des pensées empestées de haine et d'hostilités peuvent frapper à la porte de notre cœur. Mais comme nous le disions tantôt une invitation au péché n'est pas pécher pour autant.

Ainsi, 'il n'a rien en moi' signifie qu'il est toujours possible de refuser les invitations malsaines et les convoitises. Nous sommes en effet libres d'ouvrir la porte de notre cœur à Dieu ou aux démons, selon que nous entretenons notre cœur de pensées qui bénissent et qui exaltent ou au contraire de pensées qui souillent et qui détruisent. 'Le prince de ce monde vient, mais il n'a rien en moi' est une vérité biblique à partir de laquelle on tire la formule qui stipule que « nous ne sommes pas capables d'empêcher aux oiseaux de passer au-dessus de notre tête, mais nous pouvons les empêcher de se nicher dans nos cheveux.

9. Il est possible de vaincre la tentation

La tentation n'est pas un test commandité par Dieu en vue de nous évaluer. L'apôtre Jacques dit : « *Que personne, lorsqu'il est tenté, ne dise: C'est Dieu qui me tente. Car Dieu ne peut être tenté par le mal, et il ne tente lui-même personne. Mais chacun est tenté quand il est attiré et amorcé*

---

12   Voir Jacques I 12
13   Voir Jean XIV 30
14   Voir Marc VII 21

par sa propre convoitise. Puis la convoitise, lorsqu'elle a conçu, enfante le péché; et le péché, étant consommé, produit la mort[15]. » L'apôtre Paul, quant à lui, a renchéri l'enseignement de l'apôtre Jacques en disant qu'« *Aucune tentation ne vous est survenue qui n'ait été humaine, et Dieu, qui est fidèle, ne permettra pas que vous soyez tentés au-delà de vos forces; mais avec la tentation il préparera aussi le moyen d'en sortir, afin que vous puissiez la supporter[16].* »

Dieu, en effet, n'a pas dit qu'il n'y aura pas d'oppositions, d'adversités ni mêmes des situations périlleuses, mais il nous assure qu'il sera avec nous et nous accordera son soutien en toutes choses. Il y a toujours des tempêtes sur le chemin de l'obéissance, mais la fin vous sera inéluctablement favorable. L'obéissance à l'autorité n'est pas une compétition de vitesse mais un marathon. Ce n'est pas celui qui court le plus vite qui sera couronné mais bien tous ceux qui sont capables de prouver leur consistance dans la course et tout au long du parcours. Et l'athlète n'est pas couronné s'il n'a pas combattu selon les règles.

10. Le contenu et le contenant

Il est fondamental de comprendre que selon le rapport de Genèse[17]. Dieu n'a pas seulement créé un homme. Il a également établi le principe universel suivant lequel tout esprit se conforme au processus créatif du matériel. C'est en vertu de ce principe que tout esprit revêt l'illégitimité et l'illégalité de se mouvoir sur la Terre à moins d'avoir la permission de l'homme. Jésus aurait pu naître autrement que passer par Marie. Existe-t-il une chose qui soit impossible à Dieu ? Et pourtant Ses principes déterminent Sa nature souveraine. Il est établi dès lors une corrélation directe et bien définie entre la divinité et l'humanité. Le matériel est donc esprit. Tout cela mène à croire que le principe de l'autorité n'a

---

15 Voir Jacques I 13-15
16 Voir I Corinthiens X 13
17 Voir Genèse I 27-28

jamais été établi pour asservir l'homme, mais pour que celui-ci puisse être servi et comblé par lui.

Voilà pourquoi ce ne peut être le vaisseau qui contient l'eau qui doit plus nous importer mais plutôt le contenu du vaisseau ou le processus par lequel l'eau arrive au vaisseau. Le principe de l'autorité est en soi divin, parfait et bienfaisant. Il est pur parce qu'il provient d'une source qui soit capable de ne déverser que de la perfection. Mais l'homme n'est pas parfait. Comprendre le principe de l'autorité implique que nous devons nous rendre compte de la façon dont nous allons réagir face à elle et quelle attitude faut-t-il que nous adoptions vis-à-vis d'elle.

L'apôtre Jacques dit que toutes bonnes choses émanent de Dieu, l'autorité vient de Dieu, mais l'homme qui vient aussi de Dieu est libre de se corrompre. Aucun homme ne détient l'autorité absolue. Plusieurs de ceux qui ont cru avoir le pouvoir absolu, comme Hitler, les Césars de Rome, Nebuchadnezzar II, les Pharaon d'Égypte, s'en sont faits de malheureuses illusions. Vous ne pouvez pas changer l'autorité, par le simple fait que ce n'est pas vous qui avez établi le principe duquel elle découle. Si l'autorité est déléguée par Dieu et que vous avez un problème avec elle, vous devez aller vers Dieu qui est celui qui l'avait instaurée.

La Bible nous exhorte de prier pour ceux qui sont élevés en dignité[18]. Il va sans dire que si vous avez un problème avec l'autorité, le devoir exige d'aller vers Dieu qui a établi le système qui la légitime. Vous ne pouvez pas changer une autorité en vous rebellant ou en constituant une machine d'insurrection. Comment pensez-vous pouvoir changer ou améliorer le mécanisme d'un appareil que vous n'avez pas créé ? Comment parviendrez-vous à réparer un système que vous avez trouvé existant à votre arrivée et qui longtemps après votre départ continuera d'exister ? Pensez-y !

---

18   Voir I Timothée II 1-4

Comprendre le principe de l'autorité

Cependant, vous ne devez jamais oublier que l'autorité est en essence un principe spirituel parce qu'elle vient de Dieu. Il y a une raison simple à la grandeur de David[19]. Il y a une explication simple et logique à son éminence à la royauté d'Israël au service de Dieu. Une seule attitude de David, un brin de son trait de caractère suffit pour vous donner une réponse adéquate: il avait le bon sens et l'intelligence pour se soumettre aux autorités établies. Il avait compris la nécessité d'avoir une autorité dans sa vie. D'un côté, Saül a tenté en maintes occasions à la vie de son gendre ; d'un autre, David a eu plusieurs occasions favorables pour tuer son roi. Néanmoins, il s'est juré de ne jamais porter sa main sur son roi, l'oint de l'Éternel. « *Je n'ouvre pas la bouche contre mon roi* », a-t-il résolu.

Mais la popularité de David attise les craintes de Saül, convaincu que le jeune homme représente une menace pour sa succession. Avec pour dessein de faire transpercer David, le roi lui propose alors la main de sa fille Mikal en échange du prépuce de cent Philistins[20]. Mais David, victorieux, était devenu gendre du roi.

Saül tente encore de le tuer, mais cette fois-ci en se servant de ses propres mains. Ainsi, celui que le peuple adule doit prendre la fuite. Réduit à vivre en cavale, il s'installe dorénavant dans les déserts de Judée où le rejoignent des brigands et des repris de justice. Avec leur aide, le jeune bethléemite vit de rapine jusqu'à ce que, traqué de près par Saül, il entre au service de son ennemi d'autrefois, Akish, le roi philistin de la ville de Gath.

Cela révèle le mérite de David. La monnaie lui a été rendue lorsqu'à son tour, des hommes, ayant à leur tête son propre fils, en voulaient à

---

19 L'histoire de David honorant son roi et toute la persécution de Saül contre lui sont rapportées intégralement dans le 1er Livre de Samuel, les chapitres XVIII à XXVII. (Nous y reviendrons au chapitre suivant).
20 Voir I Samuel XVIII 20-27

sa vie. S'il s'était fait justice contre Saül même en une seule occasion, il aurait gâché le plan de Dieu pour lui et du même coup enlevé la protection qu'il devait bénéficier de ses ennemis. Parce que David avait compris la nécessité d'avoir une autorité, il s'est refusé à œuvrer en dehors de l'autorité. L'autorité est le symbole de l'ordre. Or l'ordre, c'est la priorité et la valeur. Des éléments susceptibles de nous aider à développer nos potentialités. Toutes formes d'autorités sont un privilège venant de Dieu. Mais, elles sont déléguées aux humains qui sont susceptibles d'être bons ou mauvais. Pourquoi l'autorité fixe des limites aux dépens de ses sujets? L'utilité des limites nous préserve des autres autant qu'il préserve les autres de nous.

11. Obéir Dieu, c'est s'assurer d'un lendemain prometteur

En I Samuel XV, Dieu ordonne au roi Saül de frapper Amalek[21] et de dévouer par interdit tout ce qui lui appartient. L'ordre était clair : « *Tu ne l'épargneras point, et tu feras mourir hommes et femmes, enfants et nourrissons, bœufs et brebis, chameaux et ânes*[22]. » Saül exécute une partie de l'ordre qu'il a reçu en détruisant Amalek et en épargnant Agag, le roi des Amalécites et les têtes de bétails grasses et bien portantes. À la vue de cette sédition, Dieu se repent d'avoir établi Saül comme roi sur Israël, parce que dit-Il : « *Il se détourne de moi et n'observe point mes paroles*[23]. »

Ainsi, Dieu rejette Saül en l'envoyant dire par le prophète Samuel : « *L'Éternel trouve-t-il du plaisir dans les holocaustes et les sacrifices,*

---

21   Amalek [...]
1- Amalek désigne le peuple descendant d'Esaü par Amélek. Le pays était essentiellement constitué de montagnes et de collines (Juges XII 15). Ce peuple descendant d'Amalek était un ennemi farouche d'Israël, selon I Samuel XV 2. Les gens du peuple d'Amalek étaient appelés des Amalécites. (II Samuel I 8 et 13).
2- Amalek était le petit-fils d'Esaü, fils d'Éliphaz et de Thimna, selon Genèse XXXVI 12.
22   Voir I Samuel XV 3
23   Sic : Formulé tel quel. (I Samuel XV 11)

comme dans l'obéissance à la voix de l'Éternel? Voici, l'obéissance vaut mieux que les sacrifices, et l'observation de sa parole vaut mieux que la graisse des béliers. Car la désobéissance est aussi coupable que la divination, et la résistance ne l'est pas moins que l'idolâtrie et les théraphim[24]. »

Dans les temps anciens tout comme aujourd'hui, les hommes baignent dans l'idolâtrie. Si les hommes primitifs vénéraient le polythéisme des yeux, les hommes modernes vénèrent celui du cœur. D'un côté et d'autre, les hommes se croient sujets à une autorité supérieure. La conscience humaine appelle à une influence supérieure afin de progresser et atteindre les hauteurs pour lesquelles elle a été conçue. Cependant, une crainte et une indécision incarnent les gestes désappointés de l'homme. Il n'entrevoit aucune issue à l'expansion de sa liberté. Mais dans le vacarme du monde, la douce voix intérieure transcende et dit : Je suis l'Éternel, ton Dieu. En d'autres termes, Dieu est la seule personne capable de nous faire revenir au lieu d'où nous étions partis.

CHAPITRE 3

Application du principe de l'autorité

Toutes les idées développées dans les deux précédents chapitres concourent à démontrer que toutes les formes d'autorité sont liées non à une personne en particulier, mais à une position sociale ou au statut que la personne qui l'exerce occupe dans un système collectif. Aussi, impliquent-elles des règles de conduite spécifiques et des indices particuliers qui permettent de facilement les identifier. Par exemple, le sceptre de l'empereur romain, le palais du chef de l'État ou la toge du juge sont autant de symboles de diverses formes de pouvoirs légitimes. Ainsi, une bonne compréhension du principe de l'autorité permet de se défaire d'un point de vue erroné au sujet de l'autorité pour se tourner vers l'obéissance de Dieu.

Nous y avons également montré qu'en vertu des caractéristiques de ce principe, l'autorité a été établie par Dieu en vue de définir « l'agir » de l'homme par rapport à son semblable et à lui-même. En effet, respecter le droit commun est l'unique moyen de faire respecter son propre droit. Ainsi, la loi qui nous interdit de convoiter la femme de notre prochain ou de voler ce qui est à lui, est la même qui empêche notre prochain de convoiter notre femme ou de dérober ce que nous avons acquis à la sueur de notre front. Dans ce contexte les lois et les autorités, toutes autant qu'elles sont, n'ont pas été instituées pour léser notre droit ou pour freiner ce que nous autres, nous appelons « *notre liberté* ».

Bien au contraire, elles ont été constituées en vue de contribuer à notre bien-être et pour sécuriser nos efforts en perspective de notre épanouissement ou de notre émancipation personnelle. En conséquence, si le principe de l'autorité n'est pas si contraignant au point de nuire tellement à notre croissance ou à notre liberté, il y a lieu de bien comprendre son application afin de ne pas entraver à notre tour, par notre ignorance, le processus de notre développement.

1. Pourquoi les lois existent-elles ?

Les lois sont instituées pour prévenir les accidents ; elles existent pour nous permettre de grandir en toute sécurité. Il ne nous est pas loisible de choisir d'obéir à certaines lois et d'ignorer d'autres. Nous ne pouvons pas décider que telles législations sont favorables à notre sens et que telles autres ne le sont pas et que, par conséquent, elles méritent d'être abrogées.

Prenons l'exemple de la circulation routière. La lumière verte indique que les automobilistes sont libres de continuer à rouler tandis qu'elle interdit le passage aux piétons. Si un automobiliste s'arrête en pleine lumière verte, parce qu'il aurait vu un ami de vieille date qu'il avait perdu de vue il y a belle lurette ou qu'un piéton décide de traverser parce qu'il est pressé, dans les deux cas, la violation de la lumière verte est passible d'amende parce que susceptible de causer de graves accidents.

À l'inverse, la lumière rouge sert à interdire le passage aux automobilistes pour accorder la traversée aux piétons. Si un automobiliste ne s'arrête pas au feu rouge, il commet une infraction au risque de renverser un passant. Lorsque nous apprenons à nous conformer aux lois, nous nous protégeons des accidents et nous protégeons également la vie des autres.

À côté de tout cela, il est également important de comprendre que ce n'est pas votre position qui détermine votre valeur. Mais votre valeur est déterminante pour la position que vous occupez et le problème que vous résolvez pour le bien-être de toute une collectivité. Notre faiblesse consiste à chercher la perfection en la personne qui est en position d'autorité. Tout le monde recherche un président parfaitement représentatif, un pasteur saint et irréprochable, un père de famille exemplaire et inoffensif, un patron bon et malléable. Et il n'y a pas de mal à chercher la perfection en une personne, mais êtes-vous toujours parfait dans ce que vous faites ? Ou seriez-vous parfait si vous étiez à leur place ? Avoir le pouvoir ne signifie pas être parfait. La perfection n'est pas un critère pour accéder au pouvoir. Peut-être que c'aurait été bien s'il en était ainsi, mais c'en n'est pas le cas. Car s'il en était ainsi, aucun de nous ne serait habilité à exercer un pouvoir.

Le principe de l'autorité n'élève pas une personne pour abaisser une autre ; elle ne favorise pas un homme au détriment d'un autre. Du point de vue de Dieu, nous avons tous de la valeur. Et Dieu a établi le principe de l'autorité en vue de nous aider à atteindre notre plein potentiel. Dans un corps, tous les membres sont importants. Vous ne négligez pas votre bras parce vous tenez trop à votre pied. Toutes les parties de votre corps sont essentielles à votre bon fonctionnement ; et cependant c'est le cerveau qui commande le corps, qui dicte nos actions et qui conditionne nos sentiments.

Cela ne fait pas du cerveau un organe trop supérieur par rapport aux yeux ou au nez, au point de ne plus avoir besoin ni d'yeux ni de nez. Beaucoup de gens n'apprécient guère l'enveloppe charnelle dans laquelle ils se trouvent, cela n'empêche toutefois qu'ils continuent de croire et de s'attacher fortement à la vie. De même, vous pouvez ne pas aimer l'autorité, vous pouvez vous méprendre au sujet de son utilité, cependant ceci n'empêche pas qu'elle existe et continuera d'exister pour votre protection et pour votre croissance.

2. L'homme et la fonction d'autorité

Dans le processus créationnel, Dieu a institué la notion de l'ordre et de l'organisation en y donnant une probante démonstration. Si vous observez le temps, vous verrez qu'il se divise en années ; les années se divisent en mois, les mois en semaines et les semaines en jours. Les arbres donnent de leurs fruits, jettent de leurs feuilles, bourgeonnent et fleurissent. Les hommes naissent, croissent puis meurent. Ces phénomènes se complètent naturellement avec une précision pratiquement remarquable et en un temps convenable. Le jour précède à la nuit et l'hiver fait place au printemps. Tout comme les lois naturelles, le principe de l'autorité fait partie de cette notion d'ordre et d'organisation. Comme toutes les lois éternelles de la vie, ce principe s'applique partout où se trouve l'homme. C'est un principe auquel aucun homme ne peut se dérober. Aussi, chacun de nous devrait voir en l'autorité, non un homme, mais l'organe de la loi.

De prime abord, il faut comprendre qu'il n'y a point d'autorités mauvaises. Toutes les autorités sont bonnes, légales et conformes du fait de leur origine et de leur raison d'être qui est de régler, d'ordonner, de permettre, de défendre, de protéger et de servir. Cependant, il peut y avoir de mauvais détenteurs. Au reste, lequel d'entre nous peut se vanter d'être parfait ? C'est pour cela qu'en dehors de tout jugement prononcé contre un détenteur, son autorité demeure légitime et légalement agissante. L'apôtre Paul a dit que quiconque s'insurge contre un homme en charge d'une autorité s'oppose à Dieu Lui-même. Vous pouvez vous exclamer que Dieu ne peut être cet homme-là ni ne peut s'accorder avec une telle créature. Il se peut bien ! Mais vous pourrez bien être surpris par la réponse qu'Il donne à ce sujet : Il n'est d'homme qui ose s'opposer à moi sans s'attirer une condamnation.

L'homme qui exerce une fonction d'autorité est un ministre[1]. Il est le chargé des pleins pouvoirs en vue de combler les desseins éternels que sont le bonheur de l'homme. En conséquence, l'homme en fonction d'autorité exerce le pouvoir au nom de Dieu et doit par son action servir Dieu. En revanche, lorsque l'autorité n'est pas à la hauteur de sa tâche,

---

1   Du latin, minister, c'est-à-dire serviteur.

le blâme n'incombe pas à Dieu. C'est nous qui déterminons les critères qui conditionnent les choix de nos autorités. Or nous choisissons en fonction d'un système démocratique et non théocratique.

Dans la démocratie, il revient à la souveraineté du peuple d'élire ses représentants. Mais même en choisissant une autorité selon des critères humains absurdes, Dieu l'approuve en lui donnant une couverture légitime et légale. Ceci dit, en agissant ou en réagissant respectueusement ou irrespectueusement à l'égard des autorités, nous devons ensuite en tenir compte des conséquences susceptibles de se produire. Songez à la dernière réaction que vous aviez eu vis-à-vis de votre père, souvenez-vous de la dernière pensée que vous aviez entretenue au sujet de votre pasteur ou de votre patron et rappelez-vous la dernière parole que vous avez proférée contre votre président ou contre un professeur de votre école ; c'est envers Dieu Lui-même que vous avez agi, réagi, pensé et proféré des paroles. « *Ne maudis pas le roi même dans ta pensée...* », a martelé le roi Salomon, dans l'Ecclésiaste.

3. Les régimes d'autorité politiques[2]

Dans sa conception de la politique, Aristote distinguait trois types de gouvernement constitutionnel légitime : la monarchie, l'aristocratie et la démocratie tout en soulignant les dérives possibles de ces types de régimes. En effet, on n'est pas sans savoir qu'il existe une large différence entre une démocratie et une monarchie. Un monde de différence entre un président et un roi.

Dans une république, le président est élu par le peuple pour agir et parler au nom de ce dernier. Si le président ne se montre pas à la hauteur de la tâche, le peuple peut se mobiliser pour le destituer suivant les prévisions légales ou tout simplement ne pas le réélire ; tandis que dans un royaume, le roi n'a pas été élu ; il est un souverain et il décide absolument de tout indépendamment de ce que peuvent penser les gens du peuple.

Peu importe que nous vivions dans un système démocratique,

---

2   La Monarchie désigne un régime politique dans lequel l'autorité est détenue par une seule personne qui exerce le pouvoir directement ou en le déléguant, selon certaines règles institutionnelles. Le terme s'applique aussi à l'État où est en vigueur un tel régime. L'importance du pouvoir du monarque et ses attributions varient selon le type de monarchie.
L'Aristocratie (du grec : aristos, « le meilleur », et kratos, « puissance »), est un système de gouvernement où le pouvoir souverain est détenu par un petit nombre de personnes issues d'une classe sociale privilégiée et/ou héréditaire.
La Démocratie, (du grec dêmokratia, dêmos, « peuple » ; kratein, « gouverner »), indique un système politique dans lequel la souveraineté procède de l'ensemble des citoyens. La démocratie, dont le principe fondateur « gouvernement du peuple, par le peuple et pour le peuple » se retrouve par exemple dans la Constitution française, est dite directe, lorsque le peuple est investi d'une responsabilité effective sur l'ensemble des décisions ayant trait à la collectivité, ou représentative, lorsque le peuple délègue librement le pouvoir de gouverner à des mandants. À la fois conçue comme une valeur, constitutive d'un objectif à atteindre (la liberté pour tous réalisée dans l'organisation collective), et comme une technique de gouvernement, la démocratie s'est incarnée dans de nombreux modèles et selon des formes différentes.

Application du principe de l'autorité

aristocratique ou tyrannique, si nous avons des raisons de nous plaindre de l'autorité établie, qu'il s'agisse d'un président ou d'un monarque, au lieu de monter uniquement un mécanisme de révolte, nous devons aussi aller vers Dieu. À noter que Dieu ne va pas nécessairement changer l'autorité.

Dieu a dit : « *J'honore ceux qui m'honorent* ». En d'autres termes, outre la personnalité qui détient l'autorité, toute bonne foi à son égard est payante. Il n'en est pas ainsi parce qu'il s'agit d'un tel homme ou d'un tel autre. Dieu a dit : C'est pour l'amour de moi que je veux agir. Car comment mon nom serait-il profané. Je ne donnerai pas ma gloire à un autre[3]. Dieu ne se meut à moins que ce soit dans l'ordre et l'organisation. Nous ne pouvons pas nous rebeller contre une autorité, quelle qu'elle soit, sans nous opposer à Dieu. Ainsi, notre opposition nous revient telle que nous l'avons lancée. L'impulsion étant mauvaise, peu importent nos motifs ou nos intentions, nous expérimenterons des déboires.

Lorsque Samuel avait appris que Dieu s'était retiré d'Éli à cause de sa mauvaise conduite, il aurait empiété sur l'autorité de celui-ci, et cela aurait paru normal, compte tenu de la mauvaise attitude d'Eli qui le rendait immoral et indigne de respect aux yeux de tous. Cependant Samuel continuait à lui témoigner du respect bien mieux qu'il ne pouvait le faire avant. En agissant ainsi, Samuel savait qu'il servait non pas Eli mais Dieu qui avait établi celui-ci à titre de souverain sacrificateur.

De la même manière, David aurait tué Saül, il en avait d'ailleurs en maintes fois l'occasion. Lequel d'entre nous retiendrait David coupable d'avoir tué l'homme qui ne cesse d'essayer plusieurs tentatives d'assassinat à sa vie ? David aurait pu plaidoyer en faveur de son droit à la légitime défense. Mais il s'est dit : « *Je ne porterai point ma main*

---

3   Voir Ésaïe XLVIII 11

sur l'oint de l'Éternel ». Ces deux exemples méritent de retenir notre attention. Nous allons y revenir.

4. L'arbre généalogique de l'autorité

Il n'est point d'autorité qui ne dérive d'une autre. Toute autorité légalement établie et ordonnée émerge de l'entraînement et de la fécondation d'une autre plus grande et plus mature. Il n'est point d'autorité autoproclamée qui ne soit, de prime abord, illégale, nocive et diabolique. Paul dit que l'idée de l'autorité vient de Dieu. Inversement, tout ce qui n'émane pas de Dieu s'oppose à Lui. Or personne n'ose s'opposer à Dieu sans sombrer dans l'anéantissement. Lorsque Jésus se rendit auprès de Jean pour être baptisé par lui, celui-ci s'y opposa, connaissant que celui qui est venu à lui était celui-là même au sujet duquel il s'était écrié : « *Il doit venir après moi celui qui est mon Seigneur. Moi je ne suis que la voix criant dans le désert : Aplanissez son chemin*[4] ! »

Il faut comprendre que le Dieu qui a établi le principe de l'autorité ne se meut jamais dans le désordre ni la confusion. Jean, l'initiateur du baptême chrétien, n'avait aucun doute qu'il devra diminuer afin que le Christ puisse croître. Le baptême du Jourdain était donc une passation d'autorité. Jean n'avait pas été éclairé à une si haute conscience, sinon comment oserait-il s'y opposer ? Le baptême du Jourdain était donc devenu une nécessité absolue et l'un des gestes les plus conformes relatives au plan élaboré et prédéfini par Dieu. Mais aussi, parce que Jésus avait pris le soin de se faire immergé par Jean, il avait une explication légale et bien agencée pour les principaux sacrificateurs et les anciens du peuple, lorsque ceux-ci le pressurait de révéler l'ordonnance légale de l'autorité par qui il enseignait et opérait des miracles[5].

Cependant Jésus n'a pas hésité de se référer au baptême de Jean et

---

4   Voir Jean I 21-28
5   Voir Matthieu XXI 23-27

du même coup défier leur perfidie. C'est, en effet, à la descente dans les eaux baptismales, l'ordre établi et le ministère assuré par Jean, que Jésus doit l'authenticité de sa carrière ministérielle. Cette expérience lui avait permis de transfuser la vie aux âmes mortes qui étaient venus à lui sans que cette vie ne s'épuise jamais du fait de son offrande.

5. L'autorité « à visage découvert »

Qu'il s'agisse d'un pape, d'un président, d'un pasteur, d'un professeur ou d'un responsable d'usine de fabrication ; et même en se référant aux monarques de l'Occident, aux Pharaons d'Égypte, aux Césars de Rome, aux Empereurs de France ou à tout autre seigneur contemporain ou ayant vécu dans l'antiquité; ils sont tous des hommes couverts sous un veston d'autorité. Or, en tant qu'humains, ils ont tous ressenti des besoins de toutes sortes ; ils s'attristent tout comme ils s'énervent, ils pleurent et parfois même ils font les plus viles insanités qu'on n'aurait jamais pu imaginer. Ils ont leurs maladresses et leurs puérilités. Ce sont des hommes sujets à l'erreur, à la faiblesse et à l'épuisement. Cependant les défaillances d'une autorité ne constituent, en aucune manière, une raison valable pour lui manquer de respect ou pour envier ou intenter à sa position.

a. L'exemple de Samuel[6]

Dans le premier livre de Samuel se rapporte l'histoire du prophète-sacrificateur Éli et ses deux fils, Hophni et Phinées, qui étaient à leur tour des sacrificateurs de Yahvé. Les fils d'Éli étaient des hommes immoraux et qui ne craignaient point le Dieu que servait leur père. Par leur déshonneur, ils se sont rendus coupables devant l'Éternel des souillures démesurées parce qu'ils dédaignaient l'Éternel. Lorsque le sacrificateur apprit les actions avilissantes de ses fils à l'égard de l'Éternel et de tout Israël, au lieu de se montrer ferme et sévère, il s'était rendu coupable de leur comportement par clémence ou par assentiment

---

6   Voir I Samuel : chapitre II 12-39 ; chapitre III 1-21 et chapitre IV 1-22

en adoptant une attitude passive et irresponsable à leur égard.

Pourtant, parallèlement dans la maison d'Éli et dans ce plein désordre spirituel, grandissait en parfaite stature le jeune Samuel plein d'humilité, de vertus, de sagesse et trouvant grâce aux yeux de Dieu et des hommes. À cause de cette confusion et l'ambiance de péché qui s'étendaient sur la maison du sacrificateur et en Israël en ces temps-là, l'auteur dit que les manifestations miraculeuses et les révélations divines étaient devenues très rares, cas de figure qui était inaccoutumé dans le pays et qui pouvait être expliqué et justifié par ce grand désordre et ce déséquilibre spirituel.

Samuel, néanmoins, était le seul qui pouvait entendre la voix de Dieu et, par conséquent, le seul qui était en mesure de prédire ce que l'Éternel projetait de faire en Israël et dans la maison d'Éli. Mais comme le moribond n'exhortant qu'avec des mains molles sa maison résulte qu'Eli répondit à Samuel : « *C'est l'Éternel, qu'il fasse comme bon lui semblera !* » Il est important de bien comprendre la série d'événements qui allait entraîner la chute de la maison du prophète. Les fils étaient rebelles à leur père : Ils n'écoutèrent point la voix de leur père. Il y avait ensuite l'indifférence et la langueur d'Éli qui avait demeuré trop longtemps dans l'incapacité à reprendre ses fils et redresser la barque de sa maison.

D'un côté et d'autre, un dévergondage exagéré des fils et un affaiblissement compromettant du père, le temps de la correction de ces hommes était révolu. Il avait fallu que Dieu intervienne pour rectifier, corriger et épurer le canot qui allait inévitablement faire naufrage. Car comment pouvait-il laisser son nom profané en Israël ? Lorsque l'autorité faillit à sa mission, le peuple se retrouve seul exposé aux dangers et l'ordre que Dieu a établi risque de ne plus tenir le protocole qui détermine le standard de son royaume.

Mais il y a un autre aspect fondamental à saisir dans la morale de l'histoire. Malgré le très mauvais comportement et l'éviction d'Éli par Dieu, Samuel continua à servir le sacrificateur avec diligence et à se soumettre fidèlement à sa voix. Il avait gardé la même habitude et cultivé la même attitude soumise à l'égard de son prédécesseur de Prophète et continua de se montrer enthousiaste dans son obéissance.

La Bible dit que tout Israël, depuis Dan jusqu'à Beer-Schéba, reconnut que Samuel était établi prophète de l'Éternel. Cependant, il n'est mentionné nulle part dans le livre que Samuel ne se soumettait plus à l'autorité d'Éli. Pas même une seule fois, Samuel n'avait manqué à son devoir envers son maître. Il n'a jamais élevé la voix une seule fois. Au reste, jusqu'à ce qu'Éli n'ait été mort, Samuel n'a jamais émergé. C'est pourquoi, Samuel dut toute sa qualité de prophète de l'Éternel et de sacrificateur du peuple en servant fidèlement Éli dans la tente d'Assignation de Silo[7].

b. L'exemple de David[8]

L'histoire de David relate une leçon de morale formidable. Pour l'apprentissage de la royauté, David devait affronter les hostilités de son maître et beau-père, le roi Saül. Mais, et si David n'avait pas compris qu'il devait apprendre au lieu de se battre contre son roi, que serait-il advenu de sa destinée en tant que roi ? Fort heureusement pour lui, ce jeune Bethléemite avait compris la nécessité d'une autorité dans sa vie et il s'en est soumis patiemment et intelligemment. Car on ne peut rien apprendre de celui contre qui on est en guerre ; on ne peut rien bénéficier de celui pour qui on éprouve sans cesse de l'aversion. Car c'est dans l'observation continuelle, dans l'entraînement et l'obéissance que l'on finit par devenir mature, mieux préparé et qualifié.

---

7   Appelée plus loin Rama (ch. I 19 ; II 11), cette ville était habitée par un groupe qui se réclamait d'un ancêtre Çuph. On doit éviter de la confondre avec Rama de Benjamin (Josué XVIII 25 ; I Rois XV 17, 21-22).
8   Voir I Samuel chapitres XVIII à XXVII

Une clé peut subir diverses sortes de pressions sans être fondue ; de la même manière, le caractère d'un homme, c'est-à-dire sa capacité d'exprimer ses convictions et conditionner ses actions et ses réactions, peut être tenté et éprouvé sans succomber. L'homme de caractère, c'est celui qui ne dérobe pas tandis que le besoin est imminent et que l'opportunité lui est offerte gracieusement. Le caractère n'est pas de l'arrogance ni du cynisme. C'est l'habilité à résister aux pressions sans être vaincu. David était un homme de ce calibre. À l'école de Saül, il s'est appliqué à prouver et attester son caractère. Ainsi, il serait quasiment possible de déduire que la mission que Saül avait reçue a été de pétrir David afin que celui-ci puisse devenir un meilleur roi que lui. Dieu avait désiré un homme selon son cœur. Il a donné cette tâche à Saül afin de lui préparer son homme de cœur.

Excellent musicien, le jeune David est reçu à la cour du premier monarque de la nation d'Israël, qui apprécie particulièrement la mélodie inspirée et ointe de son psaltérion. Plus tard, alors qu'il partage son temps entre le service de la cour royale et le gardiennage de son troupeau, le jeune berger se rend au campement des soldats hébreux, afin d'apporter des vivres à ses frères. Il y apprend qu'un ennemi, le plus grand et le plus fort des guerriers philistins, a lancé un ultime défi aux Hébreux avant de livrer bataille. Avec bravoure, le garçon propose de répondre au combat singulier lancé par Goliath de Gath. Contre toute attente, David renverse d'une pierre de sa fronde le géant, dont il prend ensuite l'épée pour lui trancher la tête[9]. Défaits, les Philistins prennent la poudre d'escampette sans demander leur reste, tandis que le courageux jeune homme gagne l'amitié de Jonathan, le fils du roi.

6. Obéir à l'autorité est pour notre propre avantage

Ensuite, la Bible dit qu'un mauvais esprit s'était emparé du roi Saül, et chaque fois que l'esprit le tourmente, seul David pouvait l'apaiser

---

[9] Voir I Samuel XVII 40-54

au son de sa harpe. Quoiqu'à certains moments, Saül saisit son javelot pour frapper David et le tuer, le jeune élève et musicien se détourne du roi pour sauver sa vie, mais revient à chaque fois. Personne n'accepte de se détourner du principe de l'autorité après l'avoir compris.

David savait qu'auprès de Saül était le seul endroit où il pouvait apprendre les coutumes et les traditions de la vie royale. Il ne pouvait pas s'en priver et il refusait de manquer à la présence du roi. Par contre, dans le processus Saül se perd davantage dans sa folie tandis David acquiert plus de connaissance et de sagesse.

Qu'auriez-vous fait si un roi avait appris à décocher son javelot en voulant se servir de vous comme cible ? Certains d'entre vous auraient évoqué la légitime défense. Le David qui avait tué Goliath était le même qui se tenait en la présence du roi Saül et qui aurait été mis à mort n'était-ce pas sa vigilance et l'intelligence de Dieu en lui. Cependant, il n'a jamais levé la main même pour maudire l'oint de Dieu. Et contrairement à plusieurs d'entre nous, David choisit d'ignorer son droit de légitime défense et se concentrait sur ce qu'il serait susceptible de devenir sous l'égide de son beau-père, le roi.

Cela signifie qu'il y a des moments où il faut lâcher prise, un temps où il faut abandonner ses prétentions, une période où il faut cesser de s'accrocher à sa petite personne. Car c'est à ce moment-là qu'on devient réellement réceptif à ce que l'on doit apprendre en vue de devenir meilleur que ce que l'on a jamais été. Si David avait tenu compte de l'hostilité de Saül, il n'aurait certainement pas appris les réalités de la vie royale. Ainsi, il serait disqualifié pour devenir un meilleur successeur que son seigneur ne l'avait été avant lui. Jésus a enseigné cette loi dans son sermon de Béatitudes.

« Vous avez appris qu'il a été dit: œil pour œil, et dent pour dent. Mais moi, je vous dis de ne pas résister au méchant. Si quelqu'un te frappe sur

la joue droite, présente-lui aussi l'autre. Si quelqu'un veut plaider contre toi, et prendre ta tunique, laisse-lui encore ton manteau. Si quelqu'un te force à faire un mille, fais-en deux avec lui. Donne à celui qui te demande, et ne te détourne pas de celui qui veut emprunter de toi. Vous avez appris qu'il a été dit: Tu aimeras ton prochain, et tu haïras ton ennemi. Mais moi, je vous dis: Aimez vos ennemis, bénissez ceux qui vous maudissent, faites du bien à ceux qui vous haïssent, et priez pour ceux qui vous maltraitent et qui vous persécutent, afin que vous soyez fils de votre Père qui est dans les cieux[10]. »

Cela ne signifie pas qu'on doit laisser tout le monde nous marcher dessus pour ressembler à Dieu. Mais il y a là une possibilité à saisir, car en toutes choses il faut apprendre à être sage et à compter sur Dieu.

Il existe, en somme, une loi naturelle dite de proximité qui veut que tout ce qui se ressemble puisse s'assembler. En effet, on ne voit jamais des aigles se complaire en compagnie des canards ni des moutons parmi des lions. En ce sens, l'on dit que les oiseaux de même plumage volent ensemble. De toute évidence, les hommes qui se plaisent en de mauvaises compagnies finissent par constituer un groupe de vilains insensés unis par une même destinée quoique compromettante.

C'est pour cela qu'il revient à vous de choisir l'escorte allant de pair avec votre caractère et votre raison d'être. Vous pouvez être l'homme le plus éduqué de la planète ; si vous vous complaisez dans la mauvaise compagnie, vous finirez par devenir dénaturé et perverti, et cela sera inévitable. Car les mauvaises compagnies corrompent toujours les bonnes mœurs et que l'homme, en général, est conditionné et façonné par son environnement immédiat. Ainsi, dépendamment de votre entourage immédiat, vous êtes soit moral soit perverti, soit utile soit inutile.

---

10   Voir Matthieu V 38-45

7. Autorité par délégation

Certaines personnes scandent qu'ils n'obéissent qu'à Dieu seul. En réalité, que veulent-ils dire ? Ils veulent clairement dire qu'ils ne se soumettent à aucune autorité, qu'elle soit terrestre ou céleste ; car c'est en obéissant aux autorités de la terre que l'on obéit à l'autorité du ciel. Si vous ne vous soumettez pas aux hommes que vous voyez, serait-ce à Dieu, que vous ne voyez pas, que vous vous soumettrez ? Cependant, il est toujours bon d'avoir quelqu'un vers qui se tourner lorsqu'on doit prendre une résolution autour d'un problème ou une complication. Cela ne peut que vous protéger et vous être bénéfique. Chaque personne devrait avoir quelqu'un qu'elle respecte et en qui elle peut avoir foi peu importe que les conseils paraissent profitables ou profitants.

Celui qui préfère obéir à Dieu plutôt qu'aux hommes se dit en réalité que sa rébellion est telle que seul le pouvoir de Dieu peut lui imposer obéissance et soumission aux principes. Ceux qui entretiennent de telles idées ne connaissent pas, du moins, ne comprennent pas Dieu, car Dieu agit sur la terre suivant un principe de délégation. Il est l'autorité qui dirige par délégation.

Donc, l'homme a une délégation d'autorité qui lui vient de Dieu et, ne pas obéir à un homme en fonction, c'est désobéir à Dieu qui lui délègue son pouvoir. Celui qui ne respecte pas le légataire de l'autorité ne respecte pas non plus celui qui en est la source. Dieu l'a ainsi fait parce qu'il est un Dieu d'ordre et de principes. Vous obéissez Dieu seulement lorsque vous obéissez à celui à qui il délègue son autorité. C'est Dieu qui délègue à l'homme toute l'autorité dont il en est l'heureux détenteur ; même s'il ne leur a jamais demandé de faire ce qu'ils font à longueur de journée, et la plupart du temps. Cependant, Dieu confère toute autorité aux hommes et exige que nous autres qui en sont les sujets, nous les obéissions et les respections.

Comprendre l'autorité

Lorsque les scribes et les anciens sacrificateurs demandèrent à Jésus par quelle autorité il agissait, Jésus leur avait répondu habilement qu'ils n'obéissaient pas eux-mêmes à l'autorité de Jean, en qui ils avaient pourtant prétendu avoir reconnu la qualité de prophète de Dieu. Cependant, c'est du baptême de Jean que Jésus fut baptisé et c'est de lui qu'il avait reçu l'onction et la prêtrise ministérielles. Jésus avait honoré l'autorité de Jean en se soumettant par suite de l'acte de l'immersion. Autrement, qu'aurait-il répondu aux pharisiens qui avaient tenté de le piéger ?

Il est important de bien comprendre le concept de l'autorité et d'y appliquer notre entière allégeance. Jésus ne s'était pas autoproclamé « *Christ* », Jean cependant avait confirmé, par l'autorité du Saint Esprit, que Jésus était l'Oint de Dieu et le Sauveur de l'humanité. Vous pouvez comprendre dorénavant pourquoi Jésus était allé vers Jean dans le Jourdain. C'était l'ordre préétabli : Jésus a dit il faut que nous fassions ce qui est juste. Et ce qui est juste, c'est de suivre l'ordre selon ce que le Père l'avait fixé au préalable.

Les autorités humaines émanent de Dieu ; car il a fallu qu'elles proviennent d'un autre lieu que celui de la terre. Or à cette époque, tout le monde avait reconnu Jean comme étant un envoyé de Dieu : « *La voix de celui criant dans le désert : Aplanissez le chemin du Seigneur.* » Ce que vous devez être ne peut s'accomplir à moins de comprendre que c'est par votre soumission à un guide ou à une autorité que cela adviendra.

Aucun homme n'arrivera à briller de tous ses feux sans être guidé, conseillé, protégé, corrigé, critiqué et entraîné. Seule une autorité peut vous aider à être celui que vous devez être. Je ne parle pas d'une figure d'autorité, il ne vous sera d'aucun avantage d'avoir une figure d'autorité, il vous faut une autorité capable de vous aider à être tout ce à quoi vous êtes destiné. Si nous ne sommes pas capables de percevoir correctement l'autorité, il en résulte que nous avons un problème de cœur.

Jésus a dit que ce n'est pas ce qui entre dans la bouche de l'homme qui le détruit mais ce qui en sort. Le légataire est une autorité au même titre que l'autorité elle-même. Et ne pas se soumettre à ses ordres, c'est se rebeller contre Dieu lui-même qui procède par délégation d'autorité.

8. Est-il possible de se soumettre à une autorité injuste ?

Dans l'exercice de l'autorité, il y a une monnaie courante que l'on appelle l'abus du pouvoir. Cela va de certains comprenant que le fait d'avoir l'autorité leur donne le plein droit d'opprimer et de brusquer les gens. Ils sont minimes ceux qui agissent dans la conscience qu'il y aura toujours des conséquences qui s'ensuivront. L'homme sensé agit aujourd'hui en vue de la préservation du lendemain. Cela nous permet de contrôler et de soigner nos actions entre humains, car ce faisant nous éviterons de tomber dans bien des pièges. Dans l'Évangile selon Luc (XXII 42) nous avons repéré une scène mettant aux prises ce que Dieu a décidé de faire et ce que Jésus aurait aimé qu'il fasse.

Cette morale biblique nous a permis de déduire qu'il peut arriver que les autorités établies et déléguées dans notre vie décident de faire des choses qui soient opposées et complètement contraires à nos attentes. Or en pareil cas, ce que les autorités décident de faire doit toujours avoir la priorité. Lorsque, dans un ménage, la volonté du mari ne correspond pas à celle de sa femme, cette dernière doit savoir que c'est à son mari qu'il revient le dernier mot. La femme peut beau chercher à justifier que son mari n'a pas la capacité suffisante pour décider, elle peut même avoir l'idée la plus géniale ; mais lorsque le mari décide ce qui doit être la décision à privilégier et à appliquer, c'est à lui qui revient la résolution ultime. Le mari peut être illettré et sot et la femme cultivée et bien éduquée, les décisions du mari sont les seules applicables dans la famille.

C'est pour cela que les femmes doivent prier pour que Dieu accorde le mari convenable à leur attente ou à leur aspiration, parce qu'une fois mariée, les paroles et les décisions provenant du mari sont celles qui feront autorité dans leurs vies. Dans le passage de Luc XXII, Jésus semble avoir eu envie de suggérer quelque chose d'autre au Père, mais en même temps, il fut très prudent et très sage à préciser : « *Toutefois, que ma volonté ne se fasse pas, mais la tienne.* »

Le principe de l'autorité ne signifie pas que la femme soit inférieure à son mari, que l'employé soit le domestique du patron ; que le gouverné soit négligeable par rapport au gouvernant, que l'élève soit insignifiant au professeur. Il signifie tout simplement qu'au plan positionnel le mari a une responsabilité et doit répondre aux besoins de sa femme. La femme peut avoir plus de connaissance et d'intelligence, elle peut avoir un salaire beaucoup plus élevé et même peut être la seule personne de la famille qui travaille, cela ne fait pas d'elle l'autorité pour autant. Vous pouvez parler toutes les langues du monde et le pasteur peut même ne pas comprendre un seul mot dans une langue étrangère, cela ne fait pas de vous l'autorité et Dieu ne va pas vous demander de répondre du salut de son peuple. L'autorité d'un homme ne dépend pas de sa connaissance, ni de sa corpulence encore moins ses avoirs.

Il faut comprendre que le principe de l'autorité est régi par la loi de cause à effet. Vous ne pouvez pas désobéir à une autorité et attendre en même temps de lui des bénédictions ou des faveurs spéciales. Votre attitude déterminera votre altitude. En d'autres termes, votre attitude vis-à-vis de l'autorité déterminera les bénédictions ou les malédictions qui seront attirées vers vous. Lorsque vous vous plaignez à Dieu de l'abus d'une autorité, il ne va pas changer l'autorité mais votre façon de percevoir. Cela ne signifie pas que Dieu approuve les malversations d'un homme en position d'autorité, mais il n'a pas non plus demandé à qui que ce soit d'exercer la vengeance qu'il se réserve à lui seul le droit d'appliquer. Lorsque vous jugez l'autorité, vous exercez à la place du Seigneur le droit qui ne se réserve qu'à lui seul d'exercer ; et de cette façon, vous vous érigez en Dieu, c'est-à-dire vous le rejetez.

Myriam, la sœur ainée de Moïse, se croyait en droit de le critiquer pour le choix de son frère qui a uni sa destinée à une femme éthiopienne. D'entrée de jeu, Myriam avait raison de critiquer le choix de son seigneur, son petit frère. En effet, la femme était étrangère à la nation d'Israël. Or Myriam se rappelait que Dieu avait interdit à Israël de se métisser avec d'autres peuples. Il était formellement défendu aux Hébreux de contracter avec un(e) étranger-ère « *mariage crossculturel* ».

Ainsi, Myriam pensait avoir raison, en vertu des lois divines prescrites au peuple d'Israël, de s'opposer au choix conjugal de son frère. Cela, toutefois, ne lui avait pas conféré le droit de juger l'homme de Dieu ni de le condamner. Cette contestation de Myriam n'était pas sans conséquence. En effet, elle était frappée d'une violente lèpre qui l'excommuniait de la vie sociale pendant un bon bout de temps. La leçon à retenir dans ce court récit, c'est qu'aucune raison n'est assez valable et évidente pour justifier le fait pour une personne de juger ou de parler contre son autorité. Il est possible que le chef puisse faire des erreurs et ceci indique seulement qu'il est un humain en train de compléter une expérience avec Dieu. Mais à son titre d'autorité et tout au long de ce processus, seul le Seigneur est habilité à le juger.

Il y a un principe qui stipule que l'autorité de nomination implique en soi l'autorité de révocation. Autrement dit, aucun homme n'est habilité à démettre une autorité de ses fonctions qu'il n'a pas lui-même instituée. Il se peut que la personne qui occupe la fonction soit injuste. Ce qui importe le plus, c'est de respecter et se soumette à l'autorité, sachant que ce faisant nous honorons et respectons Dieu lui-même.

9. Il existe une roue de justice éternelle

Il existe dans la nature des lois précises et définies pour remédier à toutes sortes de situations. Cette nature constituée de lois, de principes et de commandements révèle une dualité qui fait qu'aucune chose n'existe seule ni ne peut demeurer en autarcie. Le chaud et le froid, le haut et le bas, le jour et la nuit, l'homme et la femme, les semences et les récoltes constituent les côtés opposés du monde de la dualité.

De cette façon, nous pouvons conclure que la nature se meut suivant une justice éternelle : selon ce que l'on a rayonné, on l'attire au centuple. La loi produit alors des effets rétroactifs. Rien ne va de soi. Il n'y a point d'avènement objectif qui n'ait une équivalence subjective. Job dit : « *Ce que je redoute, c'est ce qui m'arrive[11]* ». Cela s'appelle la loi de cause à effet. Ce qui signifie que tout événement advenant sur le plan physique, aussi signifiant soit-il, est capable de produire des répercussions assez considérables. Or, il n'est point d'homme qui puisse prétendre échapper à cette justice sans se faire de malheureuses illusions.

10. La loi de l'autorité s'applique à tous les hommes

Il est dit que l'homme aspirant à l'autorité n'est pas l'homme accédant à l'autorité. Cela semble vouloir dire que la fonction de l'autorité change l'homme ou inversement. Mais peu importe ! Nous venons d'apprendre que l'autorité n'est pas un homme en charge d'une fonction et cela est déjà l'essentiel à savoir. Car, en réalité, l'homme ne peut jamais être qu'un élément faisant fonctionner le rouage du système de l'autorité.

Cela signifie qu'il est appelé à servir et à être favorable à son semblable, c'est-à-dire à lui-même. Il va sans dire que celui qui fait un usage abusif de son pouvoir d'autorité s'entortille lui-même et que, par conséquent, il ne saurait être profitable quand même il prétendrait le contraire. En revanche, quiconque s'élève contre une autorité à laquelle il devrait se soumettre se rend hostile à Dieu lui-même. L'initiative étant mauvaise en soi, peu importe les efforts que l'on puisse faire et pour quels qu'en soient les motifs, on se perd de toute façon. Cela est inéluctable !

---

11   Voir Job III 25

Dans une épître aux chrétiens d'Éphèse, l'apôtre Paul leur fait savoir la raison pour laquelle Dieu veut que les hommes s'exercent et se soumettent à l'autorité : « *...Afin de remplir toutes choses ... pour le perfectionnement de tous les hommes en vue de l'œuvre du ministère et l'édification du corps de Christ[12].* » La loi est universelle.

Du point de vue de Dieu, il n'y a point de favoritisme. Le principe de l'autorité s'applique à tous les hommes sans égard aux préjugés de couleur, de race, de religion, d'appartenance sociale, politique ou culturelle. Le principe est au-dessus de tout et ne saurait changer pour qui que ce soit et quoi que ce soit. Il est écrit noir sur blanc dans la Constitution du Royaume (la Bible) que Dieu ne fait point acception de personnes[13]. L'universalité du principe de l'autorité fait qu'il s'applique aux croyants comme au incroyants, aux juifs comme aux musulmans, aux blancs comme aux noirs, aux hommes comme aux femmes, aux jeunes comme aux adultes, aux enfants comme aux vieillards, aux riches comme aux petits mendiants. Dieu est au-dessus de tout. L'apôtre Jean a dit qu'il est l'Alpha et l'Omega[14] ; c'est-à-dire qu'il est l'éternel Infini en dehors duquel tout n'est que néant et inexistant.

11. Autorité et Responsabilités

D'un point de vue généralisé, il y a une responsabilité qui incombe à tout homme se trouvant en position d'autorité. Ainsi, le cinquième chapitre de la première épître de l'apôtre Pierre s'applique à nous enseigner certaines implications des leaders en vue du bien-être du peuple de Dieu. Dans ce contexte, aucun pasteur ne peut paître un troupeau qui n'est pas sous sa garde. Aucun président ne peut conduire un peuple qui ne lui est pas soumis ; de même qu'aucun père ne peut être profitable à des enfants qui se rebellent contre lui. Vous ne pouvez pas

---

12   Voir Éphésiens IV 10 et 12
13   Voir Actes X 34 et Romains II 11
14   Voir Apocalypse I 8

avoir à la fois le beurre et l'argent du beurre ; vous ne pouvez recevoir d'une autorité si vous ne vous y soumettez pas. Il faut bien noter ceci : le leader a le devoir et la responsabilité de paître le troupeau, mais celui-ci doit être sous sa garde. Or être sous la garde du leader signifie faire l'objet d'une surveillance attentive et efficace de sa part.

Aussi, le travail du berger consiste à prendre soin de son troupeau ; mais les brebis doivent le vouloir forcément et délibérément ; parce qu'il n'est pas là pour torturer ou décapiter les brebis, mais pour assurer leur bien-être et leur protection de façon constante. Une personne se soustrait à la soumission d'une autorité en lui désobéissant ou en lui témoignant d'une attitude réfractaire, en croyant qu'elle peut bien se passer du conseil ou de la protection de son chef. Une telle attitude expose la brebis à l'insécurité et au danger. Personne ne possède une science infuse.

La Bible enseigne qu'il y a beaucoup de sécurité dans les recommandations. Ainsi, un guide ne peut que rendre certaine la réalisation de nos projets. Jésus a dit : « *Que celui qui a des oreilles pour entendre entende* ». En effet, les oreilles sont faites pour que nous puissions entendre afin de juger et d'agir ; ainsi, celui qui a deux oreilles ferait mieux de les utiliser suivant l'usage pour lequel elles ont été conçues. Cela vaudrait mieux !

De plus, le cinquième verset de la première épître de Pierre enseigne que les jeunes doivent être soumis aux anciens. Dissolvons rapidement la confusion que pourrait susciter l'utilisation des mots « *anciens* » et « *jeunes* ». Le mot « *ancien* » se réfère à toute personne en position de leadership. Ainsi, être ancien ou jeune ne se réfère pas à une question d'âge.

Cela ne signifie pas que les personnes plus âgées ne doivent pas se soumettre aux jeunes placés en position d'autorité. Dans ce contexte les anciens désignent tous ceux qui sont en position d'autorité et les jeunes ceux qui sont placés sous la garde de l'autorité des anciens. Dans ce contexte, il se pourrait que l'ancien soit un homme de 25 ans tandis que le jeune, un homme de 74 ans. De la même manière, il peut arriver que le pasteur d'une église soit plus jeune que certains d'entre ses fidèles.

Par contraste, un père n'est jamais plus jeune que son fils ; et cependant un père est tenu de se soumettre à son fils si celui-ci se trouve placé en position d'autorité, même si dans le cadre familial, les rôles doivent être forcément inversés ; car un père ne pourra jamais être déchu de son autorité familiale. C'est ce en quoi consiste le rôle de l'humilité, c'est-à-dire la sagesse pour savoir quand et comment s'applique l'autorité.

Ainsi, il est important de comprendre que l'autorité n'est pas une question d'âge, de sexe ou de lien d'apparenté. L'apôtre exhorte de revêtir l'humilité. Être humble ne signifie pas être inférieur. L'humilité n'est pas un sentiment de faiblesse, d'insuffisance ou d'indignité. C'est plutôt la preuve d'une grande déférence, un état prompt à la soumission et au respect envers un être jugé digne et méritoire. C'est comme dit le vieil adage : on a toujours besoin d'un plus petit que soi.

Dieu connaît le matériau avec lequel il a conçu chaque homme et Il sait ce dont chacun en est capable. Mais il y a un temps fixé et propice à chaque personne. En essayant de vous élever de votre propre initiative et sans tenir compte du temps fixé, vous courez inévitablement à un désastre. Et c'est tout ce dont l'apôtre Pierre s'est appliqué à nous enseigner dans le cinquième chapitre de sa première lettre. Il est donc important de nous en rendre compte et d'y employer notre discernement.

12. Besoin d'un modèle

Dans la vie, chaque personne a besoin d'un modèle pour grandir. Il peut même arriver que le disciple dépasse son maître de quelques coudées. Cela s'appelle l'accomplissement de la loi. La loi de la vie est progression continuelle, elle ne va pas à reculons ; le jour d'aujourd'hui ne s'attarde pas avec hier et demain ne le sera pas avec aujourd'hui. Le progrès, dit-on, c'est le dessein de Dieu qui se réalise.

Pour sa part, Jésus avait dit que nous ferons plus que ce qu'il avait fait[15], cependant qu'avons-nous accompli jusqu'ici ? Les Saintes Écritures mentent-elles ? Nous n'arriverons jamais à connaître notre raison d'être et entrevoir notre destinée, si nous ignorons le principe de l'autorité. Jean Baptiste, n'étant pas instruit à si haute compréhension, s'y opposait catégoriquement mais Jésus lui disait de laisser faire maintenant : Car il faut qu'il accomplisse ce qui est juste[16].

Jean, le Baptiste : l'autorité, le souverain (du point de vue religieux, Jean est celui qui a institué le baptême d'eau par immersion) et Jésus, l'humble serviteur (le sujet immergé). Il n'y a pas plus parfaite illustration de la vraie conversion. Un renversement de l'ordre des choses. Qu'en dites-vous ? Jésus est inégalable en exemple ; et parallèlement, il nous invite à le surpasser.

Les lois éternelles de Dieu agissent pour tous. Lorsque nous mésinterprétons les raisons pour lesquelles elles ont été établies, nous sommes tombés dans la confusion et le désamour de nous-mêmes. Nous ne plaisons pas à Dieu ni ne sommes profitables à l'humanité lorsque nous nous contentons de penser et d'agir en dehors des principes de Dieu. Or ses principes ne sont point pénibles[17] ; par contre,

---

15   Voir Jean XIV 12
16   Voir Matthieu III 15
17   Voir Deutéronome XXX 11

la désobéissance est très pénible.

Il y a un fait qu'aucun homme ne peut nier : l'amour de Dieu ne s'épuise jamais[18]. Tandis qu'il vous aime et que vous ne l'aimez pas, la balance devient faussée. Vous coupez ainsi vous-mêmes la branche sur laquelle vous êtes assis et, par conséquent, vous en connaîtrez une chute terrible. Repentir devient alors la solution la plus envisageable possible. Repentir, c'est changer de direction ; changer sa manière de voir, de comprendre ; changer sa pensée pour voir émerger la vraie réalité de Dieu dans notre vie. Car l'amour de Dieu consiste à garder Ses commandements[19]. Quiconque les observe vivra par eux : Je suis l'Éternel[20] !

CHAPITRE 4

Autorité, pouvoir et éthique

Au point où on en est, il pourrait être juste de prétendre d'avoir une idée plus ou moins lucide au sujet de la relation qui existe entre l'autorité et le pouvoir. Nous avons dit que c'est l'autorité qui génère le pouvoir par une sorte de légitimité ou de « *bon droit* » et que ce pouvoir conçu est forcément manœuvré par un titulaire suivant une politique et des procédures établies.

La politique, d'une manière générale, c'est pour décrire ce qui doit être fait, tandis que les procédures démontrent comment ceci se doit de l'être. Ainsi, au concept de l'autorité s'annexe une notion d'éthique, c'est-à-dire de déontologie ou de morale, en dehors de laquelle le pouvoir tout comme l'autorité qui le légitime seraient, à eux seuls, des instruments inaptes à conditionner adéquatement le genre humain.

Ainsi, l'éthique est ici décrite comme le « *manuel d'emploi* » tenu par l'autorité en vue de la bonne utilisation du pouvoir. En d'autres termes, l'homme qui accède à une position d'autorité détient un pouvoir légitime qui est réglementé selon une éthique donnée. Ainsi, l'éthique tient la bride au pouvoir de l'autorité par une morale conventionnellement établie ou consentie par une majorité.

1. Qu'est-ce que l'éthique[*] ?

Les étymologies hellénique et latine[1] du mot réfèrent à des principes

---

1   Du grec êthikos, ethos, c'est-à-dire : « coutume », « usage », « caractère ») et du latin mores, « mœurs ».
(*)   Le terme latin « ethica » désigne la philosophie morale, qui relève des sciences sociales, par opposition aux sciences exactes (mathématiques, logique) et aux sciences empiriques (chimie, physique).

ou à des critères d'évaluation de la conduite humaine, parfois appelés mœurs ou habitudes et, par extension, étude de tels principes. Cependant, pris dans son sens orthodoxe, le mot pourrait simplement désigner une responsabilité morale. C'est comme parler d'obligation, de devoir, de code disciplinaire ou d'une façon propre pour aborder quelque chose de bon ou de mauvais. En d'autres mots, l'éthique se consigne dans le cadre des principes moraux et des valeurs qui gouvernent la vie de certaines gens. Elle consiste en un ensemble de principes qui conditionnent et qui dirigent la vie d'un homme ou d'un groupe.

Axée sur le concept de responsabilité, l'éthique s'inscrit dans l'histoire des idées. Tandis que la philosophie grecque la conçut comme une réflexion sur la recherche du bonheur, la pensée chrétienne, quant à elle, fit de l'amour son principal fondement. Ainsi, Robert Misrahi propose dans 'Signification de l'éthique'[2] de définir la discipline comme « *l'ensemble des principes purement humains qui devraient permettre au plus grand nombre d'accéder à une existence pleinement satisfaisante et pleinement significative, c'est-à-dire à une réalisation heureuse de la personnalité.* »

2. L'éthique, en tant que principe moral et valeur sociale

Du jour où les hommes vécurent en groupes, un dispatching moral du comportement devint inéluctable au bonheur du groupe. Bien que les mœurs aient été formalisées et transformées en critères de conduite arbitraires, elles évoluèrent, parfois irrationnellement, à la suite de violations de tabous religieux ou, par hasard, lorsqu'un comportement d'abord devenu habituel se transforma en coutume, ou encore en raison des lois que les chefs imposèrent à leurs communautés en vue de prévenir la discorde.

Aussi, même les grandes civilisations anciennes d'Égypte et de

---

2   Parue en 1995.

Sumer[3] n'ont pas élaboré une éthique systématisée. Aux maximes et préceptes consignés par les chefs séculiers comme Ptahhotep se mêlait une religion stricte qui façonnait le comportement de tout Égyptien. Dans la Chine ancienne, les maximes de Confucius devinrent un code moral reconnu. À partir du VIe siècle av. J.-C., les philosophes grecs ont consacré une large part de leurs théories au comportement moral, contribuant ainsi au futur essor de l'éthique en tant que philosophie.

Les philosophes ont cherché à définir la valeur positive ou négative de la conduite humaine en se rapportant à deux principes majeurs : ils ont considéré certains types de conduite comme bons en soi, ou bons parce que conformes à une norme morale particulière. Le premier type de conduite est choisi en vertu d'une valeur fondamentale (summum bonum), c'est-à-dire désirable en soi, il n'est donc pas conçu comme un moyen pour arriver à une fin.

Dans l'histoire de l'éthique, on trouve trois critères de conduite du second type qui ont été tenus chacun pour le souverain bien par différents groupes ou individus : le bonheur ou le plaisir ; le devoir, la vertu ou l'obligation ; la perfection, le développement le plus parfaitement harmonieux du potentiel humain.

Ainsi, l'autorité à laquelle doit obéir la gente humaine change selon les écoles de pensée : la volonté divine, les lois de la nature et les règles de la raison apparaissent tour à tour comme le fondement de la régulation morale. Pour la pensée religieuse, selon laquelle la volonté divine représente l'autorité suprême, les actions humaines doivent obéir aux commandements consignés dans les textes bibliques. Pour les

---

3   Sumer (en sumérien Kengi, akkadien Shumeru), dans l'Antiquité, pays d'Asie occidentale, correspondant approximativement à la Babylonie des temps bibliques. L'histoire de Sumer a été reconstituée à partir de fragments d'inscriptions cunéiformes sur des tablettes d'argile et d'autres traces archéologiques. Le nom de Sumer date probablement du IIIe millénaire av. J.-C.

tenants de la théorie du droit naturel, qui accordent la même autorité à la nature qu'à Dieu, il convient de juger le comportement des individus selon sa conformité à la nature humaine. Pour le rationalisme, enfin, qui s'en remet aux facultés intellectuelles de l'Homme pour distinguer le bien du mal, les choix moraux doivent être dictés par la raison humaine.

3. Quel est le véritable rôle de l'éthique dans l'application du principe de l'autorité?

La plus grande erreur commise par certaines personnes, c'est de croire qu'à la minute où un homme accepte Jésus il est immédiatement changé. Certains croient que quand une personne se met à genoux et qu'on prie pour qu'elle se repente, il y a une métamorphose magique qui lui arrive. Le changement est quelque chose que l'on obtient avec le temps, c'est un processus. La personne mal élevée qui se convertit au christianisme devient un « *chrétien* » insolent et assez discourtois.

Il est nécessaire de rappeler que l'autorité est le plan de Dieu pour nous protéger ; c'est le procédé par lequel il maximise notre potentialité. On ne peut donc pas jargonner ni opiner au sujet d'une personne comme bon nous semble ; il serait préférablement sage de respecter les gens même en leur absence.

Le grand dilemme résulte du fait que l'autorité est une institution qui a été établie par Dieu, tandis que la personne qui se trouve dans une position d'autorité n'est pas forcément choisie par Dieu pour exercer cette fonction. Dieu cependant ne fait pas attention à la personne qui remplit la fonction. Il se trouve que, à cause de sa nature, Dieu se retrouve toujours dans l'obligation de respecter ses principes. La personne qui remplit la fonction d'autorité peut ne pas être parfaite ; et comme de fait, c'est toujours le cas. Mais lorsque l'attitude de celui qui doit se soumettre est bonne, Dieu se retrouve également contraint par cette même loi de l'honorer et l'élever.

Autorité, pouvoir et éthique

4. Le Protocole

Qu'est-ce le protocole ? Pourquoi parler de protocole ? Lorsque vous ne comprenez pas l'utilité du protocole, vous vous occupez à faire des choses pour lesquelles vous n'avez pas été appelé. Vous faites des choses sans vous soucier de l'impact que cela pourrait avoir sur les gens. Le protocole situe chaque personne à la place qu'il faut ; c'est un procédé ordonnateur, un art organisateur, un système planificateur. Avez-vous l'habitude d'entendre des gens dire qu'ils n'ont pas une belle voix mais qu'ils veulent chanter pour la gloire du Seigneur ? Comment une personne ne sachant pas chanter arriverait-elle à bénir le nom du Seigneur par des chants ? Ce devrait être une expérience épouvantable.

Le protocole nous permet de faire exactement ce pour quoi nous avons été créés. Il nous amène à respecter et à apprécier le don et les talents que Dieu a investis en chacun de nous. Celui qui ne peut pas chanter pourrait être celui qui peut enseigner avec excellence. Celui qui ne peut pas enseigner pourrait nettoyer l'église et rendre le cadre du milieu bien plus agréable. Le protocole exige que nous comprenions les guides et ceux, par les principes de Dieu, que nous avons placés dans des positons d'autorité. Pourquoi reconnaître nos dons et nos talents ? Parce que quand nous dépassons nos limites, il n'y a plus d'onction. C'est l'onction qui nous permet de performer et d'émanciper. Lorsque l'onction est absente, nous sommes médiocres parce que nous ne fonctionnons pas dans les limites de notre action. Vous imaginez-vous l'effet que cela fait de continuer à chanter lorsque la musique est terminée? C'est la même chose qui arrive quand une personne cherche à faire des choses pour lesquelles elle n'avait pas reçu de talent ou de don.

Le protocole nous permet d'identifier cela et à y rester dans les limites de nos potentialités. Vous devez reconnaître que le don que Dieu vous a donné est le principal tremplin qui lui permet de vous bénir.

Aucun homme ne peut prospérer à moins que ce soit dans les limites de ses aptitudes. De même, nous ne pouvons pas faire fructifier l'argent que nous n'avons pas acquis. Au lieu de chercher à savoir comment faire planer un avion, il serait préférable de chercher à savoir comment racoler les morceaux de tissus qui constitueraient la belle chemise que le pilote de cet avion va porter parce que c'est ce en quoi consiste votre don.

Le protocole conditionne les comportements des citoyens du royaume de Dieu. Il est désavantageux à une personne d'avoir une attitude de démon, de vivre en dehors des principes divins pendant les jours de la semaine, à son travail, en salle de classe ou dans son business et prétend être un saint le dimanche.

Dieu n'est pas divisible ; de même, qu'aucun homme ne peut l'être. Dieu s'attend à ce que nous soyons conséquents avec nous-mêmes et faire preuve de dignité dans son royaume. La Bible dit que nous devons nous efforcer de ressembler à Dieu. Or Dieu est immuable, le même hier, aujourd'hui et éternellement[4]. En d'autres termes, nous devons être comme des statues. Ce que nous disons doit s'harmoniser à ce que nous faisons. L'étymologie grecque du mot anglais « *holy* » (c'est-à-dire saint, en français) signifie que ce que Dieu dit et ce qu'il fait sont une seule et même action. Les hommes ne devraient pas être différents.

5. Le principe de l'autorité implique soit la soumission soit la rébellion

En règle générale, les mots autorité et discipline représentent des formes contraignantes de l'ordre pour l'Homme. Cependant, pour les noirs qui connurent un passé asservisseur, autorité et discipline sont des mots qui définissent l'oppression et la contrainte. Pour avoir vécu sous l'emprise d'autorités colonialistes, certains hommes de

---

4   Voir Hébreux XIII 8

couleur lèguent à leurs descendances l'héritage d'une perception tout à fait erronée de l'autorité et fait naître en eux une force répulsive et un instinct révolutionnaire contre tout ce qui peut paraître de loin associable à la discipline ou à l'autorité. Cet héritage transmissible par générations constitue un véritable défi à relever. Vous pouvez essayer de jouer l'innocent ou tenter de justifier votre mauvais comportement en évoquant certains abus dont vous pouvez avoir été victime de la part de mauvaises autorités, cela ne vous donne malheureusement aucun droit de méconnaître une autorité. Qu'elles soient bonnes ou mauvaises, les autorités ne changent pas le fait que le principe demeure divin[5].

En effet, l'autorité n'est pas une idée humaine. L'homme peut donc ne pas connaître les rouages qui constituent ce mécanisme, et par conséquent, ignorer son fonctionnement ; mais cela n'empêche que l'autorité soit un principe divin et établi en vue d'honorer Dieu. Il est également important de comprendre que l'homme ne peut pas changer l'autorité, mais qu'il peut chercher à la connaître afin de bénéficier de sa bienfaisance et de ses vertus. Améliorer l'autorité, l'évaluer ou la moraliser ne sont pas des devoirs adhérés à l'homme en droit de s'en soumettre ; cependant, il lui est loisible de s'y soumettre ou de s'y rebeller sachant que l'un ou l'autre attire inévitablement un résultat. En conséquence, suivant le choix qu'on aura fait, on en tirera des bénéfices ou des privations. La rébellion tout comme la soumission est une affaire de cœur. Jésus a dit que c'est du cœur que sortent les mauvaises pensées, mais les bonnes pensées également émanent du cœur. Quoiqu'il peut y avoir de mauvaises autorités, il ne peut exister de plus mauvaise habitude que notre attitude récalcitrante vis-à-vis toutes autorités, qu'elles soient bonnes ou mauvaises.

---

5   Lire Romains XIII 1 : Tasso, en grec, venir de ; c'est-à-dire : arranger, agencer, ordonner, instituer, établir, disposer, placer.

6. La loi de la soumission

Les lois cosmiques sont universelles et jumelées entre elles. De même que plusieurs autres, la loi de la soumission est action et réaction. Autrement dit, vous ne pouvez pas recevoir d'une autorité à moins d'abord de vous en soumettre. Dès lors que vous pensez être l'égal de l'autorité, vous vous faites vous-même une autorité et vous ne pourrez plus apprendre ni bénéficier quoi que ce soit de cette autorité. Ainsi, la soumission, désigne l'engagement que vous prenez vis-à-vis de l'autorité de votre vie pour lui obéir sans y résister ; le fait de se mettre sous les auspices de l'autorité de cette personne. Le principe de l'autorité est donc universel et cosmique[6]. Il ne vient pas de la pensée de l'homme, il a été conçu dans la pensée de Dieu et y est maintenu intact. Vous devez savoir que Dieu ne fait rien sans avoir au préalable une raison et un objectif en vue. Tout ce que Dieu ordonne, il le fait pour répondre à un besoin humain inévitable.

En somme, les principes sont établis par Dieu pour faciliter la croissance, la protection, l'émancipation et la satisfaction de l'homme. Être soumis à une autorité signifie lui accorder notre allégeance. Un homme en position d'autorité n'est pas un absolutiste dans le sens intégral du terme. Parce que quel que soit la position à laquelle un homme puisse accéder, il y avait avant lui un prédécesseur qui avait défini une ligne de conduite à suivre, une marge d'action. Avec l'autorité vient la responsabilité. Vous ne pouvez pas voir un plat sur une table et le manger sans qu'on ne vous le donne. Quand bien même vous auriez une faim de loup, vous devez chercher à savoir qui a déposé ce plat sur cette table et pourquoi on l'y avait mis. Autrement dit, vous seriez le plus fieffé des irresponsables et vous devez payer un prix qui n'en vaut pas véritablement le coût. C'est pourquoi, avant d'accepter l'autorité, tout homme devrait chercher à savoir ce en quoi consiste la responsabilité qui va avec un tel privilège. Car Dieu jugera tout homme selon la tâche

---

[6] Voir Romains XIII 1 : Toutes les autorités qui existent sont instituées par Dieu.

qui lui avait été assignée. L'autorité selon ses responsabilités et le sujet selon qu'il était soumis ou non.

7- Le pouvoir de la soumission

Dans le livre de l'Exode, Dieu donne au peuple d'Israël dix commandements auxquels il doit se soumettre afin de s'attirer toutes les bénédictions auxquelles il pourrait s'attendre. Ces lois sont des principes élaborés pour protéger et pour maximiser les potentialités de son peuple. Tandis que plusieurs d'entre eux perçoivent les dix commandements comme une contrainte, pensant que Dieu pourrait se décider à les contenir, ils sont plus aptes à désobéir et, par conséquent, s'opposer à leur propre bien-être. Cependant, contrairement à ce qu'ils pensaient, les dix commandements ont été promulguées pour garantir leur liberté et leur protection.

Nous sommes, en effet, libres en connaissant les limites de nos actions ; et la loi qui nous interdit de prendre la femme de notre prochain, c'est la même qui interdit au prochain de convoiter la nôtre. Le principe qui interdit à un homme de voler son prochain est le même qui le protège de ses semblables. Personne ne peut vous empêcher de penser que telle loi est bonne, mais combien d'entre vous comprennent que même le voleur déteste quand on lui vole. Le menteur n'aime pas qu'on lui mente ; et l'assassin a peur de voir répandre son sang. Et donc il y a deux conceptions possibles : vous pouvez percevoir la loi comme un moyen de restriction ou comme un moyen de protection. Mais quant à la façon de voir, c'est à vous que cette tâche incombe.

La loi protège et garantit votre droit vis-à-vis d'autrui et inversement. D'où vient maintenant que l'on pense que Dieu ne veut pas que nous jouissions de la vie ? Il n'y a que dans le respect de l'autorité que l'on puisse jouir sans risque de la vie.

Je connais un homme qui disait n'être jamais intéressé à devenir chrétien seulement parce qu'à l'église on va lui défendre de fumer. Savez-vous pourquoi il n'est pas recommandé à un homme de fumer? Savez-vous comment et avec quoi on fabrique une cigarette? De nombreuses études médicales ont fait le lien entre le tabagisme et le cancer des poumons, les maladies du cœur et des artères, l'emphysème, et d'autres maladies, avec pour résultat des campagnes massives de prévention dans de nombreux pays pour réduire la consommation et la vente du tabac.

La foi consiste à croire sans avoir besoin d'une preuve. Or si nous sommes sûrs que Dieu s'intéresse à nous et à notre bien-être, nous devons aussi savoir que peu importe ce qu'il nous demande de faire ou d'accomplir, contribuera inévitablement à notre bonheur. Vous n'êtes pas obligé de comprendre la raison tout de suite, et même il y a des choses dont on n'arrivera jamais à connaître les véritables raisons. Mais, peu importe, nous devons nous contenter de savoir que toujours Dieu œuvre pour notre bien. L'ignorance n'est pas une excuse. Il ne suffit pas d'ignorer les raisons pour lesquelles Dieu conçoit l'autorité pour ne pas expérimenter les conséquences néfastes qui dérivent de notre désobéissance.

8. La loi de l'ordre

Nous avons déjà montré que selon l'étymologie hellénique de l'expression « *venir de* », le rôle essentiel de l'autorité sert à ordonner. L'autorité vient de Dieu signifie que Dieu est l'initiateur de l'ordre en vogue dans l'univers de la création. Dans le Livre de la Genèse, il est écrit que Dieu a mis six jours pour disposer et bien agencer successivement toutes choses si bien qu'il déduit lui-même que tout ce qu'il avait fait était très bon[7]. Ainsi, l'ordre devient la première loi de Dieu et de la création. L'utilité de l'ordre, c'est la productivité. En d'autres termes, pour créer et pour accomplir, il faut d'abord ordonner.

---

[7] Voir Genèse I 31

Autorité, pouvoir et éthique

Notre Dieu est un Dieu scrupuleux en matière de l'ordre et de l'organisation. Le premier chapitre du livre de Genèse relate que la lumière fut la première création de Dieu. Pourquoi Dieu créa-t-il la lumière en premier ? Quel était le rôle de la lumière ? La lumière avait joué un rôle prépondérant dans le processus de la création.

D'un point de vue pragmatique, la lumière nous permet de voir et distinguer clairement. Même en étant munis d'yeux, nous ne serions jamais en mesure de voir dans le noir. La lumière était donc l'élément clé qui avait permis à Dieu de voir ce qu'il devait créer et comment il fallait s'y prendre. Dieu n'œuvre jamais dans la confusion.

Devant la scène de la création, il ne s'éternisait pas à se demander ce qu'il fallait faire en premier lieu ni comment le faire. Il avait commencé par le commencement, car on ne peut rien décider sans une lumière de compréhension, de raison ou de vision. La connaissance et le talent ne suffisent point pour nous permettre de réussir et d'accomplir notre raison d'être. Celui qui résiste à l'autorité défie Dieu personnellement. Ce n'est pas sans raison que la société se trouve autant confrontée à tellement d'oppositions. Vous pouvez avoir toute la détermination pour gagner; vous pouvez même introduire à votre volonté de la fougue, de la passion et du tempérament, mais vous n'y arriverez jamais sans un entraîneur ayant le sens de l'implication et du savoir-faire.

Dans le Lévitique[8], il est rapporté un fait dont la morale pourrait nous servir de référence en vue d'une meilleure compréhension de la notion de l'autorité. En effet, l'histoire contée dans ce passage concerne l'incinération par le feu de l'Éternel de deux d'entre les fils d'Aaron. Or, selon un principe d'hérédité ou de lignée d'ascendance, Nadab et Abihu seraient également des sacrificateurs préposés au sacerdoce.

---

8   L'histoire de deux d'entre les fils d'Aaron consumés par le feu de l'Éternel est contée en Lévitique X 1-7

Mais, puisque que le souverain sacrificateur ne leur avait pas donné l'autorisation de brûler de l'encens sur l'autel de Dieu, ils se sont rendus répréhensibles d'un interdit grave aux yeux de l'Éternel. C'est la raison pour laquelle le feu du ciel les avait dévorés soudainement.

Dans la version King James de la Bible en langue anglaise, il est clairement fait mention d'un feu « *non autorisé* ». Tandis que la version Segond emploie de préférence les termes « *feu étranger* ». Qu'y a-t-il de mal à présenter un sacrifice, pourvu que ce soit en vue d'honorer Dieu ? Mais que ce sacrifice n'ait pas été autorisé est une autre histoire. Car, en effet, parce qu'il n'a pas été agréé par une autorité, et dans ce cas, Aaron, leur père et souverain sacrificateur ; ces hommes se sont rendus indignes de la présence de Dieu et du même coup délictueux pour lui présenter quoi que ce soit.

Du reste, la véritable motivation de ces hommes a été la rébellion envers l'autorité paternelle et sacerdotale d'Aaron, leur père. Et comme Dieu ne peut pas tolérer les tendances dissipées et récalcitrantes, il dut régulariser cette situation en faisant une chose inouïe afin que nulle autre chair ne pense à refaire cette même erreur.

9. Les types d'autorités établies par Dieu

a. Autorité ecclésiastique (dans l'Église)

Dans une église, comme pour tout regroupement social, il y a un ordre établi et adopté. Aucune personne, parce qu'elle est un membre influent ou parce qu'elle prétend avoir reçu une dictée de la part du Saint-Esprit, ne peut entonner un cantique quand toute l'assemblée a été invitée à lire à l'unisson une portion de l'Écriture. La raison en est que Dieu a institué dans son Église une hiérarchie en vue de l'épanouissement spirituel et le développement matériel de son peuple. De cette façon, personne ne peut faire comme bon lui semble, parce qu'il y a une organisation et des directives fixées et une manière ordonnée de procéder.

Autorité, pouvoir et éthique

Les gens qui sont dans une église et qui s'amusent à transgresser les principes établis par le guide spirituel ou qui médisent de l'autorité de ce dernier s'attireront inévitablement de nombreuses malédictions. Il serait plus avantageux pour une personne de quitter une assemblée avec laquelle elle se trouve en désaccord pour adopter une autre dont les principes lui conviendraient le mieux et que le dirigeant serait à la hauteur de ses prétentions. Car, en vérité, il n'y aucun avenir pour les mauvaises langues et qui médisent de leur chef.

Peu importe qu'elle ait raison ou non de calomnier, Dieu jugera sévèrement toute langue qui diffame son chef. Car dans le domaine de la compréhension de l'autorité, il n'a jamais été question d'un homme bon ou mauvais mais d'un principe divin et universel établi par Dieu lui-même. Le principe qui a été conçu pour vous aider à croître et à émanciper peut devenir le principe qui vous attire bien des condamnations. C'est à vous de décider de la façon dont vous allez l'utiliser, car vous pouvez l'utiliser à votre avantage ou à votre désavantage. La bouche qui bénit pourrait être la même qui maudit et la main qui soigne pourrait bien être celle qui blesse.

La Bible dit que là où il y a des discordes, là se trouvent accumulées toutes sortes de malédictions. Si quelqu'un ne peut plus se soumettre à son pasteur, il doit chercher une autre église où il lui sera possible d'accepter le leadership du pasteur ; car il est absolument indispensable pour un homme d'avoir un pasteur avec lequel il se sentirait ouvert de confier ses soucis et ses indécisions. Mais si quelqu'un s'obstine sous le leadership d'un pasteur dont il se sent suspicieux de confier son âme, il s'attirera des mésaventures et de la malchance inutilement.

b. Autorité étatique (politique)

Il y va également, du point de vue gouvernemental, des façons stables de procéder. Évidemment, en politique, il existe un système de gouvernance qui a été préétabli. Dans une société, comme dans toute communauté humaine, aucun homme ne peut agir comme dans un moulin. Dans un système « démocratique », par exemple, système politique dans lequel la souveraineté procède de l'ensemble des citoyens, le peuple élit celui qui doit devenir son autorité et du même coup désigne celui à qui il devra obéissance.

Dans la démocratie, c'est au peuple qu'il revient le devoir de choisir son chef et dans ce cas, en vertu de la loi de l'autorité qui est universelle, Dieu reconnaît et approuve par cette reconnaissance ce choix. Ce n'est point Dieu qui préfère les personnalités qui briguent la présidence, ce n'est point Dieu qui favorise les hommes qui siègent dans le parlement ; mais il les reconnaît parce que nous les avons désignés et, en vertu de sa loi qui est universelle et applicable à tous les hommes, Dieu les approuve. Par conséquent, la responsabilité d'un mauvais gouvernant n'incombe pas à Dieu, parce que nous ayant donné la liberté et le bon sens de choisir juste ceux qui doivent être nos chefs, Dieu se trouve contraint et forcé d'accepter et d'approuver nos choix.

Dieu a établi les principes de l'autorité et les hommes choisissent la démocratie, la monarchie ou le communisme. Dieu n'a rien à voir avec la dictature, l'absolutisme ou l'égalitarisme, cependant après avoir choisi votre système de gouvernement et désigné celui qui doit le diriger, vous devez vous y soumettre, sinon vous aurez à faire à Dieu. C'est pourquoi les chrétiens avisés et intelligents prient avant de voter afin que leurs choix puissent être influencés par l'omniscience de l'esprit de Dieu. Parce qu'il faut comprendre qu'après avoir voté, une fois élu le président devient celui de tout le peuple, ils prient que Dieu leur donne la sagesse pour pouvoir bien choisir en accomplissant tous leur devoir de citoyen.

Peu importe celui pour qui vous avez voté, peu importe que vous avez jeté votre bulletin dans l'urne ou non, la personne élue devient l'autorité établie sur tous les gens du peuple sans considération de dénomination religieuse, de tendance politique ou d'appartenance sociale. Et désobéir à son président, c'est se placer sous le jugement de Dieu ; et le chef contre lequel vous vous révoltez est tenu pour responsable de vous châtier selon l'exigence des lois en vigueur dans votre pays.

Au fait, se révolter contre un mauvais chef, c'est se révolter contre Dieu qui a institué non pas le mauvais chef mais le principe par lequel il accède au pouvoir. Ce n'est donc pas sans conséquence que notre pays se trouve constamment confronté à des troubles de diverses natures et d'instabilités de toutes sortes. La raison en est que la révolte contre l'autorité est toujours désastreuse ; et Dieu amènera en jugement toute personne ou tout peuple qui en fait une pratique. Dans le système démocratique, Dieu reconnaît et, par conséquent, approuve toujours le choix du peuple. Et cependant, il désapprouve leur repentance d'avoir choisi l'autorité. Après avoir été choisie, toute autorité, quelle qu'elle soit, est digne de soumission, de respect et d'obéissance.

Dans un pays où l'on pratique les coups d'état politiques, cette habitude a tendance de s'accroître à un fort pourcentage. Cela est dû aux effets de la loi « *semence et récolte* ». Jésus a dit : « *Celui qui frappe par l'épée périra par l'épée* ». En d'autres termes, celui qui accède à un pouvoir par un coup d'état se verra immanquablement chassé du pouvoir de la même manière. De toute évidence, les autres aspirants au pouvoir développeront le raisonnement selon lequel le coup d'état également serait leur unique chance d'accéder au pouvoir. Et un homme qui atteint un pouvoir par la force doit utiliser la force pour s'y maintenir. Ainsi, advient la tyrannie qui génère l'abus et l'exaction, puis le soulèvement des gens mécontents qui finit par chasser le tyran du pouvoir mal acquis. Il arrive même parfois que ces genres de situations transforment en des bains de sang, de massacres et d'incendies.

c. Autorité familiale (dans la famille)

Dans la famille, Dieu y a également institué un système de gouvernement. Il y a en effet certaines règles, certains principes auxquels les membres d'une famille doivent se soumettre. Par exemple, un père qui demande à son enfant d'aller nettoyer sa chambre ou d'éteindre la télévision en faveur de sa leçon d'histoire exerce une force d'autorité à laquelle l'enfant devra obéir. À l'intérieur de cet enfant peut brûler l'envie de faire exactement l'opposé de ce que le père lui avait ordonné, mais reconnaissant que c'est l'autorité qui lui a imposé de nettoyer la chambre ou d'éteindre la télévision, même en restant assis et indocile dans son esprit, cet enfant sait qu'il doit se lever diligemment et contre son gré pour s'empresser d'accomplir la tâche que son père lui a commandée de faire afin d'éviter le châtiment susceptible de découler d'une possible manifestation de réticence.

Dans certains cas et pour certains pays, la répression parentale contre un enfant récalcitrant peut aller jusqu'à lui administrer une correction avec des verges. Combien d'enfants obéissent à leurs parents tandis que dans leur esprit ils sont les rebelles les plus coriaces. Ils obéissent par crainte d'être punis et châtiés, mais marmonnent la plupart du temps leur désaccord et leur désir de révolte. Cela signifie que dans une famille, personne, du moins les enfants ne sont pas autorisés à faire ou à agir selon leur propre vouloir. Tout le monde obéit à une loi et c'est cette loi qui protège la famille et favorise la croissance de tout un chacun à tous les points de vue. Lorsqu'un enfant désobéit ou qu'il passe outre des principes fixés par son père, il doit s'attendre à des conséquences. La folie se niche dans la pensée des enfants, mais la verge de la correction la chassera de leur cœur pour que puissent s'y crécher l'obéissance, la gentillesse et la bonté. Lorsque vous refusez de réprimander vos enfants par la verge ou autres moyens qui ne sont pas excessivement violents, vous les exposez au malheur et les destinez à la mort.

Corrigez-les avec amour en respectant leurs corps, mais corrigez-les quand même. Par exemple dans certains pays, dits civilisés, la loi condamne l'usage de verges contre les enfants. Un parent suspecté de corriger son enfant avec des fouets est passible d'amende et même d'emprisonnement. Ce n'est pas sans raison que vous verrez aussi des hommes tuer leurs semblables en plein jour sans craindre aucun mal.

Lorsque nous modifions les principes de Dieu, nous devons nous attendre à des retombées graves et regrettables. La Bible dit que la méchanceté s'accroche à l'enfant et que le seul moyen de l'en libérer, c'est par la correction. Soit vous appliquez les principes de Dieu pour sauver votre enfant soit vous le condamnez par omission des principes divins.

Attention ! Châtier un enfant ne signifie pas abuser de son droit. Il y a une disproportion entre la correction et l'abus, et il est important de savoir en faire la différence. L'abus, c'est de l'injustice tandis que la correction, c'est une tendance à conduire quelqu'un conformément aux règles du savoir-vivre, aux usages et à la morale. La correction chasse la folie qui s'apprête à se former dans le cœur des enfants. Tandis que le parent omet l'usage de la correction corporelle, il devra s'attendre à ce que cette folie se manifeste et nuise au progrès de l'enfant et à la sécurité de son entourage.

10. Bannir l'ignorance

Dans les annales des histoires bibliques anciennes est relaté le récit de la tour de Babel qui aboutit à la diversification des langues et la distinction des nations. Plusieurs hommes se sont unis à l'idée d'élever une tour dont le sommet toucherait le ciel. Dieu a dit et je paraphrase *« si nous les laissons unis dans leur intention perfide, ils réaliseront leur objectif »*. Même Dieu ne peut résister l'union des hommes en vue d'un objectif commun. Si les hommes pouvaient unir leurs forces et leurs intelligences, ils seraient capables d'accomplir des choses que le monde matériel n'a pas encore vues. Mais en guise de cela, ils préfèrent croire le faux rapport selon lequel ils sont assujettis au pouvoir de la chair.

De la même manière, la majorité des Haïtiens ont été programmés et conditionnés pour croire que l'étranger (*le Blanc*) constitue la solution en tout. Nous ne sommes ni indépendants ni libres. Le premier Janvier 1804 demeure encore une liberté théorique mais dans le fond nous sommes maintenus dans l'état d'esclavage qu'on nous avait programmés. Mais le temps des faux endoctrinements est révolu. Nous devons entreprendre un processus de déprogrammation et de reprogrammation selon ce que Dieu nous avait destinés. Ce processus n'est possible qu'à travers une conscience renouvelée et une pensée transformée. Il est évident que les Blancs comprennent mieux le concept de l'autorité. N'ayant pas de passé d'esclave, ils ont moins de problème à se soumettre et ressentent moins d'insécurité vis-à-vis de leurs frères. Mais dorénavant conscient du problème et connaissant que Dieu nous appelle à nous soumettre aux autorités supérieures, nous devons reconditionner nos pensées afin de nous conformer à la justice de Dieu.

11. La loi de l'habitude

Les Noirs sont souvent hostiles aux autorités parce qu'ils sont victimes d'un antécédent oppresseur. Ainsi, le seul fait d'obéir à une forme de soumission évoque déjà l'expérience de revivre l'esclavage. Le réflexe antagonique des anciens esclaves se déclenche spontanément. C'est comme une réaction instinctive chez les Noirs qui connurent un passé asservisseur de repousser énergiquement l'autorité d'un autre homme. Nous autres Noirs, nous réagissons ainsi sans vraiment en avoir conscience. L'homme de couleur qui réagit un peu mieux face à l'autorité doit faire un énorme dépassement de lui-même pour ne pas trop paraître contestataire. Ainsi, les Noirs réagissent souvent très mal aux autorités même en étant sous sa forme la plus courtoise ; et normalement ils se perdent. Notre précédent servile nous fait réagir négativement et nous sommes contrariés au regard de tout ce qui semble de loin à de l'autorité ou à la soumission. Parce que nous craignons de revivre l'affreuse expérience de la servitude, nous sommes on ne peut plus méfiants et nous devenons des gens désordonnés.

La deuxième possibilité qui nous fait objecter la présence de l'autorité est l'absence des pères dans les foyers. Cas de figure d'Haïti : les pères sont censés inculquer à leurs enfants la notion de la véritable liberté. Très peu d'entre nous peuvent donner l'exemple d'un bon père. Tandis que les enfants devraient hériter du caractère de leurs pères, ils sont plutôt livrés à eux-mêmes. Certes, il faut un mâle et une femelle pour concevoir un enfant, mais pour élever un enfant il faut nécessairement un père et une mère responsables. Or, plusieurs des hommes d'aujourd'hui sont plus mâles que pères. Je me rappelle une histoire vraie qui s'est survenue en Jamaïque. Un évangéliste voulait enseigner à un délinquant qui n'avait point connu son père d'essayer d'entretenir une relation avec Dieu. Le serviteur lui présenta Dieu tel un Père aimant et bienfaisant. Ne connaissant pas le passé effroyable et sulfureux du jeune homme, l'évangéliste a failli passer un très mauvais moment.

D'un geste brusque, l'homme se révolta et devint furieux. Il disait ne pas vouloir connaître le Dieu de ce serviteur si on pouvait le comparer à un père. En cherchant à comprendre ce drôle de réaction et l'aversion que cet homme manifestait pour la simple prononciation du mot « *père* », l'évangéliste avait découvert que le père de cet homme était non seulement un bourreau pour lui mais également un homme méchant pour ses sœurs. Ce père affreux avait la vilaine pratique de l'inceste sur ses filles et il avait légué un grand déshonneur pour la famille. L'homme de Dieu ignorait à quel point l'image d'un père pourrait effrayer autant un être humain. Finalement, il était trop tard pour l'évangéliste d'avoir l'occasion de reparler avec cet homme qui lui avait juré de ne plus lui adresser la parole parce qu'il lui avait rappelé les pires cauchemars de sa vie.

CHAPITRE 5

La raison d'être du principe d'autorité dans le dessein de Dieu

1. L'autorité et l'ordre des priorités

Il est fondamental de rappeler que notre protection n'est assurée que sous l'égide d'un mentor qualifié. Les autorités peuvent assurer notre croissance et notre maturité seulement lorsque nous leur sommes soumis. Tout notre lendemain en dépend. Jésus a dit : « *Vous avez constamment les pauvres avec vous mais vous ne m'avez pas toujours[1].* » cela s'appelle la loi de la priorité. Nous devons apprendre à agir selon un ordre d'importance et d'extrême urgence. Or l'autorité a un mérite distinct du fait de son origine et de la raison pour laquelle elle avait été établie.

Par exemple, dans Nombres XI, Josué s'est montré tellement préoccupé par l'autorité de Moïse qu'il devient jaloux pour lui[2] : « *Moïse, mon Seigneur* », a-t-il martelé. Depuis tout temps et dans toutes les civilisations du monde, la seigneurie désigne une fonction de noblesse et de royauté. Au moyen âge, la seigneurie évoquait la dignité, ce fut un titre d'honneur attribué aux anciens pairs de France et des membres de la chambre des « lords » en Angleterre.

Dans un autre contexte, le mot seigneur (senior, c'est-à-dire « ancien », en latin) est un terme de respect et sert à indiquer une personne « *plus âgée* », c'est aussi un titre honorifique attribué à un personnage de haut rang. L'âge ici, ne se réfère point à la durée ordinaire de la vie ni aux temps fuyant depuis la naissance. Ainsi, être le plus âgé

---

1   Voir Matthieu XXVI 11
2   Voir Nombres XI 28-29

ne signifie pas toujours être le plus vieux. Ce peut être la maturité, l'expérience, le caractère, le sens de responsabilité et du devoir. À ce propos, dirait-on, l'âge n'amène point la raison. Il s'agit plutôt de maturité, de sagesse, d'expérience et peut être de grandeur. « Mon Seigneur » signifie donc celui qui est mon autorité, mon bienfaiteur et mon protecteur. En nommant Moïse de cette façon, Josué était censé lui rappeler constamment son ordre de priorité et exprimer à la fois combien son devenir en dépendait.

2. L'autorité est la clé de votre succès

À quoi une clé fait-elle référence ? Quelle image évoque-t-elle en votre esprit ? Il existe, en effet, divers types de clés. Il y a la clé qui donne accès à notre maison, celle qui nous permet de monter dans notre voiture, celle qui, en musique, permet au saxophoniste de fermer et d'ouvrir à son gré les trous de son instrument à vent et celle qui facilite le mécanicien de serrer ou de desserrer, de monter ou de démonter les pièces de notre auto. En somme, quelle que soit l'image qu'elle conçoit dans l'esprit, la clé est toujours représentée comme un instrument qui ouvre les accès ou qui favorise les possibilités.

C'est à dessein et dans la perspective de cette utilité, que l'on compare l'autorité à une clé ; en ce sens qu'elle est capable de vous ouvrir la porte de votre bonheur. En effet, en quelque lieu où l'autorité est ironisée et dédaignée, le désordre et la confusion ont tendance à prendre le dessus. Ainsi, dans un foyer où le père est méprisé et moqué, les filles, destinées à être des modèles de mères, sont devenues stripteaseuses de bar de nuit et alcooliques. Un commis de caisse qui devait être promu au poste de directeur financier se voit disqualifié par le simple fait d'ignorer l'autorité de son supérieur hiérarchique.

Les hommes qui sont parvenus à atteindre le sommet du succès ne sont pas ceux qui ont mené les grandes révolutions du monde mais bien ceux qui avaient choisi de tenir compte de l'autorité qui était

La raison d'être du principe d'autorité dans le dessein de Dieu

établie sur leur vie et qui avait également reconnu que la soumission à cette autorité n'était point une option mais bien une recommandation. En lisant cette partie, vous pourriez penser au général Jean Jacques Dessalines, vénéré pour avoir conduit l'un des plus importants mouvements d'insurrection du XIXème siècle. Cependant, la soumission de ce général à son supérieur, Toussaint Louverture, l'avait qualifié à la tête de l'armée indigène lorsque celui-ci avait été trahi et emprisonné au Fort de Joux.

L'autorité ordonne et conditionne l'environnement en vue d'un avenir prometteur et significatif. Un pays dans lequel les gens ne tiennent pas compte de l'autorité de l'état, l'anarchie prend les rênes et expose tout le peuple à l'incertitude. Ce n'est donc pas sans conséquence qu'il est écrit dans la Bible[3] qu'en quelque lieu où l'autorité se trouve absente, il y a également manque de vision et le peuple est livré à lui-même. Une famille dans laquelle l'autorité du mari n'est pas clairement définie et établie, les membres sont voués au désarroi total. L'apôtre Jacques stipule dans une portion de son épître que là où il y a beaucoup de discussions là se trouvent toutes sortes de mauvais esprits[4]. Autrement dit, si l'épouse ne comprend pas ou n'est pas satisfait de son rôle et sa responsabilité d'épouse, sa maison est susceptible de devenir un endroit infernal. Il n'y a rien de plus dur et de plus grave que d'épouser une femme incarnée d'un esprit de contrôle et de domination ou qui n'avait pas l'habitude de se soumettre à une autorité paternelle durant toute sa jeunesse. Je peux vous assurer qu'il n'y a pas pire situation. C'est comme dormir un soir de forte pluie dans une pièce dont la toiture est complètement trouée. Il n'y aura de lieu que vous puissiez vous y tenir sans que l'eau ne vous tombe dessus. Vous ne pourrez dormir tranquillement qu'il ne tombe de l'eau dans votre oreille.

---

3   Voir Proverbes XXIX 18
4   Voir Jacques III, 16

Une femme qui est possédée par un esprit dominateur est une insensée et ne peut rien tirer de bon dans une relation maritale ni dans aucune forme d'alliance avec un homme. Car il n'y a pas de meilleur moyen pour une femme d'attirer l'amour et l'attachement d'un mari que par le respect et la soumission à celui-ci.

Les hommes ne demandent jamais aux femmes de leur donner la lune. Ils ne demandent jamais mieux que d'être respecté et traité à leur juste valeur. Vous avez l'habitude d'entendre quelques hommes dire qu'ils coûtent chers, c'est faux. En réalité, les hommes se vendent à bon marché pour les femmes qui savent comprendre le principe de soumission. Un homme est prêt à ramper pendant des kilomètres et à marcher à genoux pour une femme capable de lui donner ce qu'il veut. C'est comme un chien que vous pouvez emmener partout et par le bout du nez avec un os à la main.

Il n'y a rien de plus important pour un homme que la valeur dont on lui témoigne. Il est prêt à faire n'importe quoi pourvu que vous lui témoigniez votre soumission. La résistance d'une femme vis-à-vis de son mari produit en revanche l'opposition. La femme qui épouse le meilleur mari du monde, c'est celle qui apprend à s'y soumettre. Ce n'est pas en disant : que je suis un être humain qui a des droits, qu'une femme va s'attirer l'amour et l'attachement de son mari. Au contraire, en disant à son mari qu'elle a des droits, elle risque de taper sur les nerfs son mari qui commencera éventuellement à jouer le tout pour le tout avec elle. Évidemment, ce n'est pas le meilleur moyen.

Il n'est pas avantageux ni intéressant pour une femme de chercher à établir un rapport de force avec son mari. Pas plus qu'il n'est utile à un homme de chercher à s'opposer à l'autorité établie. Les familles ne fonctionnent pas bien parce que le principe de l'autorité n'est pas établi. C'est pourquoi il est périlleux pour un couple de contracter mariage avant de passer par le processus du « *counseling pré-marital* ».Car c'est

La raison d'être du principe d'autorité dans le dessein de Dieu

à cette école que les futurs époux apprendront, chacun son tour, ce que signifie véritablement autorité, soumission, respect, compréhension et amour.

Car l'autorité ne signifie pas être celui qui prend toutes les initiatives ; être le chef de file d'un foyer, ce n'est pas non plus celui de qui tous les ordres émanent ni celui qui n'a pas besoin de conseiller. L'autorité ne signifie pas forcément l'être le plus fort. Être l'autorité n'est pas l'occasion de jouer constamment à l'Hercule. Même en étant le prêtre, le sacrificateur et le roi de la famille, le mari n'est pas appelé à exercer un pouvoir à l'aveuglette sur les membres de sa famille ; bien au contraire, son autorité constitue le fondement de sa responsabilité. En revanche, être l'autorité signifie en essence être celui à qui l'on demandera de rendre compte lorsque l'échec et le désordre surviennent dans la famille, dans la société et dans le pays tout entier.

3. L'autorité procure la sécurité

Lorsque vous arrivez à comprendre ce que signifie véritablement autorité et les raisons pour lesquelles, on en avait fait un principe universel, vous n'accepterez plus jamais de continuer à décider de par vous-même et à agir sans son accord. Car alors, vous allez réaliser qu'il ne vous est point avantageux de vous opposer à l'ordre établi pour faciliter votre accès à l'accomplissement de votre raison d'être. La décision la plus difficile et la plus confuse à laquelle je n'ai jamais été confronté toute ma vie était celle d'instituer cette église[5] sans avoir en premier lieu l'approbation d'une autorité sur ma vie. J'avais besoin d'un pasteur plus mûr et mieux qualifié que moi. Quelqu'un à qui j'aurai des comptes à rendre le moment venu.

---

5   L'auteur du présent ouvrage est le pasteur senior et le fondateur du Ministère Shabach International (MSI) et de l'église Famille Tabernacle de Louange (FTL) dont les coordonnées sont mentionnées à la page verso de la couverture du présent livre.

À cette époque, j'avais besoin d'un mentor parce que je connaissais pertinemment les bienfaits que l'autorité d'un entraîneur pourrait me procurer. J'avais compris que la seule façon pour réussir dans le ministère était d'avoir quelqu'un à qui se confier lorsque survient les moments difficiles et les épreuves de la vie. J'avais ressenti le besoin d'avoir quelqu'un qui aurait le pouvoir et la liberté de me dire ce que je dois faire quand je le dois ; quelqu'un pour qui je pourrai éprouver un certain niveau de respect et de soumission. J'avoue ne m'avoir senti vraiment en sécurité que lorsque Dieu avait généreusement pourvu à ce besoin et qu'à présent je connais les personnes auxquelles m'adresser quand je dois faire face à une décision difficile et angoissante.

4. L'autorité nous assure la performance

La vraie autorité nous garantit un maximum de performance. Là où il n'y a pas l'autorité ou une mauvaise compréhension de la notion d'autorité, il y règne le désordre et la pagaille. Car l'autorité existe pour nous simplifier la vie. La liberté n'a pas de prix et pourtant elle est définie dans les limites de nos actions. Lorsqu'on définit les limites de votre propriété, vous pouvez faire tout ce que vous voulez sachant que vous le faites dans les limites de votre action. Connaissant qu'une autorité a défini vos limites et que vous pouvez vous y étendre tant que vous ne dépassez pas les bornes. Lorsque l'autorité est présente dans votre vie, elle la simplifie et la rentabilise. La présence de l'autorité nous libère du souci et de l'inquiétude. En revanche, la confusion règne là où il y a absence d'autorité ou mécompréhension du système d'autorité. L'ignorance de l'autorité crée la confusion ; l'absence de l'autorité produit le chaos et la tyrannie.

Notre nature constitue un obstacle à notre croissance et notre émancipation. Seule l'autorité est capable de nous aider à atteindre les hauteurs auxquelles nous avons été destinés. Seule l'autorité est capable de nous permettre d'accomplir tout ce pour quoi nous avons été créés. Lorsque vous comprenez l'autorité, vous percevez toutes

La raison d'être du principe d'autorité dans le dessein de Dieu

choses et toutes personnes à leurs places. Il n'est plus nécessaire de se questionner au sujet de qui est qui et de qui fait quoi. Il n'est pas nécessaire de jalouser la position de votre prochain. Lorsque vous comprenez le système de l'autorité, vous agirez dans la claire compréhension de votre droit et de votre devoir. L'homme sûr de lui est celui qui comprend le principe de l'autorité et qui y accorde toute son allégeance. En revanche, celui qui ne comprend pas l'autorité se trouve souvent en mauvaise posture et fait ce pour lequel il n'avait reçu aucune indication.

Ceux qui ne comprennent pas et, par conséquent, ne fonctionnent pas sous une autorité représentent un cancer pour son environnement et pour l'humanité. Il ne s'agit pas d'une possibilité ou d'une tendance à mépriser l'autorité. Car il suffit d'une personne rebelle contre l'autorité pour manifester ses vieux désirs et influencer ou contaminer d'autres qui, elles-mêmes, n'étaient pas très convaincues du principe d'autorité. Et c'est à partir de cette attitude que naît la rébellion dans les églises et les administrations publiques. Lorsque l'on ne se soumet pas à l'autorité on représente un danger pour l'humanité.

Comme cette forme de cancer (*épithélioma*) de consistance dure du fait de la prédominance d'une sclérose avec rétraction des tissus et a tendance à s'élargir avec une certaine rapidité. Elle est contagieuse. Elle ne meurt jamais seule et elle ne se guérit pas facilement.

Ceux qui ne respectent pas l'autorité ont toujours tendance à se familiariser avec ceux qui, à un certain moment, se sont rebellés contre l'autorité. Les hommes de principe et qui comprennent l'importance et la nécessité de l'autorité ne se plaisent jamais avec les hommes dissipés qui s'opposent farouchement à l'ordre établi. Ceux qui ne respectent pas l'autorité sont attirés vers ceux qui d'une manière ou d'une autre ne respectent pas l'autorité, par le simple fait qu'il y a un principe naturel stipulant que les oiseaux de même plumage volent toujours ensemble.

Par exemple, dans la famille, Dieu a préétabli un système d'autorité : le mari, la femme, les enfants. Lorsque l'un des maillons n'est pas à sa place, le rouage de l'autorité est bafoué et il en résulte de la discorde. Dieu a établi le système de l'autorité pour simplifier et rentabiliser notre vie. Lorsque nous ne comprenons pas cela, nous faisons obstacle à nous-mêmes. Celui qui est l'autorité ne signifie pas qu'il est supérieur aux autres. Celui qui est en position d'autorité ne signifie pas celui qui est le plus grand. L'autorité n'est pas un rapport de force. Celui qui est en position d'autorité ne signifie pas celui qui est le plus intelligent. Il n'est pas forcément le plus connaisseur. Il occupe simplement la fonction qui est légitimée par Dieu. En d'autres termes, vous pouvez être sujet à un chef qui est moins intelligent que vous. Le fait de connaître plus que celui qui est en position d'autorité n'abroge pas votre devoir à la soumission.

Même lorsque vous aurez achevé vos études classiques et universitaires tandis que votre père n'a même pas eu la chance de terminer ses études primaires, cela n'omet pas pour autant sa paternité ni son autorité. Et le seul fait de ne pas s'y soumettre entraînerait inévitablement la malédiction. La Bible dit dans Éphésiens, enfants obéissez à vos parents selon le Seigneur, car cela est juste. Ce sera la sante pour tes muscles et un rafraîchissement pour tes os. Afin que tu vives longtemps sur la terre. Voyez ce que Dieu a connecté avec votre longévité sur la terre, le respect de l'autorité parentale. Le respect de l'autorité prolonge vos jours. L'inverse est tout aussi vrai, la rébellion contre l'autorité abrège et court-circuite votre vie et vous fait vivre toutes sortes de mauvaises expériences.

Beaucoup de personnes n'arriveront jamais à être celle qu'elles étaient destinées sans une attitude soumise et déférente vis-à-vis de l'autorité. Il importe peu que vous soyez un érudit ou un homme de science, le principe d'autorité est universel et spirituel de nature. La rébellion contre l'autorité entraîne le désastre. L'autorité ne signifie pas

La raison d'être du principe d'autorité dans le dessein de Dieu

être supérieur ou inférieur, l'autorité veut dire maximum performance. En d'autres termes, celui qui se branche sur une autorité devient performant. Vous n'avez pas à vous mesurer avec l'autorité. Vous n'avez à vous juger supérieur ou inférieur. Vous avez seulement à vous y soumettre, en d'autres termes, vous devez rester dans les bornes fixées afin de jouir de la sécurité qu'elle peut procurer.

Sans la présence d'une autorité, la vie n'a pas d'ordre ni de structure ; il n'y a pas de protection. La bible dit de ne pas nous méprendre : « notre adversaire, le diable rôde tel un lion rugissant cherchant celui qu'il dévorera ». Celui qu'il pourra dévorer, c'est celui qui lui laisse l'espace sécurisé et entretenu de notre cœur. Il n'y a pas de fonctionnement normal sans l'autorité. Sans l'autorité votre destinée est avortée. Vous jouez avec votre avenir en vous rebellant contre l'autorité.

Prenons l'exemple d'une automobile. Un jaguar coûte des centaines de milliers de dollars américains et la batterie alimentant le moteur en énergie électrique des dizaines de dollars. Cependant il y a deux petites pièces qui doivent aider la batterie à faire ce travail, on les appelle des terminales de la batterie qui se vendent cinq dollars la paire. Vous vous imaginez que les 82,000 dollars doivent se soumettre aux cinq dollars des terminales pour bien fonctionner. Sans les terminales, il n'y aura pas d'induction, aucune énergie ne passera pour permettre à ce précieux jaguar de se déplacer. Ce n'est pas votre position qui détermine votre valeur, mais votre valeur est déterminante pour votre position. Pour le millionnaire dont la voiture est tombée en panne en plein désert, le mécanicien représente son autorité. Il serait obligé d'obéir aux instructions données par le pauvre petit mécanicien. La résolution de son problème sera déterminée par la façon dont l'homme riche va réagir aux prescriptions du mécanicien.

5. Potentialités et soumission à l'autorité

En étudiant le mot « *autorité* », nous obtenons le préfixe « *auto* » : élément du grec : autos « *soi-même, lui-même* » et qui signifie également « *soi* », « *spontané* » ou « *instinctif* ». En fait, Dieu donne aux êtres des potentialités sous forme de semence. Par exemple, dans chaque grain de maïs se trouve un champ de maïs ; chaque arbuste est une potentielle forêt et chaque œuf est un poulailler ; de même qu'en un seul homme a existé une multitude de nations. Reprenons l'exemple de Moïse et de son serviteur Josué. Mieux placé que quiconque, Josué était le leader idéal pour remplacer le « *vieux* » Moïse. La Bible dit que Josué était le serviteur de Moïse depuis sa jeunesse. Il va sans dire que Josué avait été élevé et religieusement instruit dans la sagesse, le savoir-faire et l'endoctrinement de son maître.

Cependant, quoique rapprochés l'un de l'autre, Moïse et son serviteur étaient restés deux individualités bien distinctes. Moïse, selon toute vraisemblance, avait des qualités exceptionnelles dignes d'un prédécesseur. Il y a lieu de rappeler au passage qu'il avait été éduqué dans la sagesse égyptienne. Or l'ordre des Pharaon[6] constituait le plus grand système dynastique de l'époque[7]. Il est donc normal que Moïse fusse un guide dont les capacités se résumait en un système de suivi et évaluation. C'était un homme constant, résolu, qui aimait planifier et mesurer les résultats de son leadership. Suivant les conseils de son beau-père, il avait pris l'habitude d'offrir par l'Esprit de Dieu

---

6   Pharaon (appellation), souverain de l'Égypte ancienne. À l'origine, la désignation « pharaon » — de l'égyptien, pir-ô, c'est-à-dire « grande maison » — était utilisé pour désigner le palais royal d'Égypte. S'il a indiqué (par extension) celui qui était maître du palais à partir du Nouvel Empire, ce terme n'a cependant jamais appartenu à la titulature officielle des souverains égyptiens.

7   Ce n'est que par analogie aux principaux occupants du grand palais égyptien que le mot « Pharaon » a fini par désigner une dynastie de souverains de l'Égypte ancienne.

La raison d'être du principe d'autorité dans le dessein de Dieu

l'opportunité à quiconque voulant découvrir et exercer son talent ou sa capacité de leadership. Il répondit aux caprices de Josué en ces termes : « *Puisse tout le peuple être composé de prophètes et daigne l'Éternel mettre son esprit sur eux[8].* »

Josué, en revanche, était conservateur. Ce cynisme serait peut-être dû non seulement à son attitude jalouse et révérencieuse vis-à-vis de son Seigneur, mais également à son idéal d'être le plus prochain seigneur qu'Eldad et Medad sembleraient, en toute apparence, vouloir se faire passer pour qualifiés et potentiellement aspirants. « *Empêche-les !* » est une exclamation qui caractérise un sentiment d'inquiétude et d'appartenance à soi. L'état d'âme du conservateur divulgue la crainte de perdre. Le conservateur s'épuise toujours à force de se croire uniquement conçu et privilégié. Il se referme à toute suggestion et à tout point de vue venant de l'extérieur afin de ne pas avoir à affronter l'opposition. Mais la formation dynastique et les sages conseils de son beau-père[9] n'ont pa pu permettre à Moïse d'encourager son fidèle serviteur de continuer à suivre cette voie. Il lui avait conseillé à son tour : Puisse tout le peuple prophétiser et daigne Dieu mettre son esprit sur chacun d'eux.

Par cette attitude, Moïse s'est rassuré d'avoir incarné, après lui, un guide tout à fait capable de mener à bien le dessein de Dieu et conduire le peuple d'Israël à destination. Cependant, Josué n'a pas suivi toutes les instructions de son maître en ce sens qu'il n'a pas inspiré de guide après lui. Nul n'est parfait ! Aussi, très tôt après sa mort, les enfants d'Israël étaient confrontés à de nombreuses incertitudes et à des irrésolutions quant à savoir : « *Qui sera notre nouveau chef pour monter le premier contre les cananéens et les attaquer[10]* » ? L'absence d'un guide fait naître l'effroi. Salomon dit lorsque le peuple n'a pas de guide, il est sans frein

---

8 Voir Nombres XI 29
9 Voir Exode XVIII 17-27
10 Voir Juges I 1

et est livré à lui-même. La raison en est que le guide inspire la confiance. Il prend à charge toute initiative de combat et assure la victoire. Il procure le savoir-faire et le caractère. Il est le principal motivateur, le premier visionnaire et le héros de la nation. C'est pourquoi personne ne peut s'en prendre à son chef sans s'en prendre à lui-même.

6. Créé avec le besoin d'être en relation

L'une des raisons essentielles pour lesquelles l'autorité existe consiste à faciliter la cohérence. En effet, en un même lieu ne peuvent cohabiter deux tendances. Cela crée la confusion. Dans Genèse XII, Dieu dit à Abram de s'en aller de son pays, de sa patrie et de la maison de son père dans le lieu qu'il lui montrera. À Ur, les Chaldéens étaient imbus d'Astrologie et de magie. Tandis qu'Abram choisit de donner son allégeance au Créateur, Dieu lui demanda de « *sortir du milieu d'eux* », c'est-à-dire de s'en séparer mentalement et physiquement.

De nos jours, les mots n'ont plus leurs véritables valeurs. Ce n'est que dans le langage métaphorique que l'on emploie le mot « *division* » pour faire référence à la désunion ou à la discorde. Dans le fond, le sens propre du terme implique une « *diversité* ». Lorsque Dieu demanda à Abram de partir de chez son père, ce fut pour se créer une nouvelle race. Cette nouvelle race qui était appelée à se mouvoir en parfait unisson avec Dieu. Ainsi, « *diviser* » signifie « *disperser* », « *séparer* », « *partager* ». À Babel, par exemple, Dieu confondit le langage des hommes et créa la dispersion en vue de remplir son plan parfait. L'unité dans la diversité et inversement. Le préfixe grec « *di* » (ou dis) implique la différence ou la diffusion. Ainsi « *division* » signifie « *diversités ou divergences de visions* ». Ce peut être deux ou plus, mais « *division* » signifie « *émergence de visions différentes* ».

Il y a dans la diversité l'accomplissement parfait du plan de Dieu. Dans I Corinthiens XII(cf. v. 7), Paul parle de la diversité en perspective d'une parfaite unité en Dieu. À chacun, la manifestation de l'esprit est donnée en vue de l'utilité commune. La division n'est point mauvaise. Ce n'est que lorsque les hommes commencent à entrevoir confusément les choses que la division ait fini par être transmuée en discordes et inharmonies. Au début, il n'en était pas ainsi. Nous sommes créés différents, mais non indépendants. Certes, nous sommes tous uniques mais non autonomes.

Le médecin qui a besoin du mécanicien pour réparer sa voiture et pour en faire régulièrement l'entretien de routine. À l'inverse, ce même mécanicien aura besoin des soins médicaux pour lui-même ou pour un membre de sa famille. Aucune personne ne peut vivre en autarcie. Chacun aura toujours besoin d'un plus grand ou d'un petit que lui.

Dans Genèse XI 6, Dieu dit : « *Voici, ils forment un seul peuple et ont tous une même langue.* » Le phénomène décrit ici, dans cette portion de l'Écriture, n'est point l'unité. C'est une monotonie, une uniformité opposée au plan initial de Dieu. La vraie unité suppose impliquer le plan de Dieu. Dieu n'est pas monotone, il est infini de formes et de moyens d'expression. Il est un créateur et non un imitateur. L'uniformité limite la faculté de créer. Représentez-vous mentalement ce que serait l'humanité si tous les hommes avaient été exactement les mêmes. Le propre de la diversité, c'est l'extension. L'idée de l'extension implique l'accroissement et le progrès ; tandis que la monotonie génère la compression et la décroissance. En dehors de la division survenue a Babel, l'humanité aurait été intoxiquée.

La diversité alimente les désirs et les rêves humains. C'est à elle que nous devons nos multiples inventions et nos nombreuses découvertes. Elle pourvoit à notre capacité de créer. Les résultats de la diversité sont énormes et bienfaisants. Cela est ainsi parce que Dieu est illimité, et que cette illimitation se révèle manifeste dans la diversité de l'homme. Dieu distingue toutes choses afin de créer la beauté et l'harmonie. Vous vous dites peut-être, quel rapport avec l'autorité ? Justement, l'autorité nous amène à découvrir les dons qui devront contribuer à un impact global.

CHAPITRE 6

L'autorité et le service

La fonction de l'autorité, quel que soit son domaine, est avant tout un appel pour le service. Il est vrai que tous les hommes ne sont pas appelés à être président de la République, chef de police, soldat, pasteur ou directeur d'entreprise. Mais chaque homme a un appel qui implique toujours sa raison d'être et sa destinée. Ce peut être la responsabilité de diriger sa propre maison ou de conseiller à un groupe de jeunes délinquants.

Ce peut être simplement la charge de vivre pieusement qui lui incombe, afin que d'autres personnes puissent en suivre l'exemple ; mais aussi infime qu'elle puisse paraître, il y a une tâche divine à laquelle chaque homme a été appelé. Et peu importe les caractéristiques de cette fonction, elle est un devoir noble et un vide qu'aucun autre homme ne saurait mieux combler que celui auquel elle a été assignée.

1. L'universalité du principe de l'autorité

L'autorité est un principe universel. Dans quelle civilisation, dans quelle société, dans quel domaine peut-on omettre le principe de l'autorité sans expérimenter de malheureuses conséquences. L'apôtre Paul a dit : « ... *afin de remplir toutes choses, il a donné les uns comme apôtres, les autres comme prophètes, les autres comme évangélistes, les autres comme pasteurs et docteurs ; en vue du perfectionnement des saints, le comble de l'œuvre du ministère et l'édification du corps de Christ*[1]. »

En vertu du principe de l'autorité, il ne nous est pas donné de choisir,

---

1 Voir Éphésiens IV 10-12

nous devons nous y conformer. Lorsque nous agissons selon notre propre vouloir, nous devons payer un prix qui n'en vaut pas la peine. Dans Consolations à Du Perier[2] François de Malherbe a écrit : « *Vouloir la volonté de Dieu, c'est la science qui nous met au repos* ». Parce que notre propre vouloir implique l'autonomie. Or comment un homme autonome peut-il enseigner à ses adeptes la notion de la vraie liberté ? A-t-il été libre ? Des aveugles conduisant des aveugles ne peuvent que se précipiter dans la même fosse.

2. Diriger et servir

Beaucoup de personnes pourraient avoir du mal à percevoir en un homme en position la fonction d'un serviteur. Et cependant, c'est exactement ce que fait l'autorité, et non ce qu'elle devrait faire. L'autorité de Jésus se manifestait dans le service. Il a dit : « *Vous m'appelez Maître et Seigneur, vous dites bien car je le suis, cependant je suis parmi vous comme votre serviteur[3]*. » Le témoignage public que Jean Baptiste avait rendu de Jésus aurait suffi à l'enorgueillir en exigeant des hommes tous les honneurs et lui donner le droit d'être servi. Pourtant il s'est fait lui-même serviteur et a payé de sa propre vie la rançon exigée par la justice de Dieu.

Par moments, le Seigneur, connaissant que ses disciples était sujets à l'animalité et la souillure en pensée, y a pourvu ; car il veille à la sainteté de ses bien-aimés : « *Il lava leurs pieds[4].* » Autrement dit, il les purifie en les amenant à se juger eux-mêmes à la lumière de la Parole de Dieu. Le souverain Maître donne ainsi un excellent exemple d'humilité, les transférant ainsi son esprit à travers le service. C'est à ce propos que l'apôtre Paul s'est exclamé dans une épître aux chrétiens de Philippes : « *Lequel, existant en forme de Dieu, n'a point regardé comme une proie à*

---

2   Stances à Madame Du Périer, pièce composée antérieurement vers 1590 et remaniée à l'intention de Du Perier en 1598.
3   Voir Jean XIII 13-17 et Luc XXII 27
4   Voir Jean XIII 4-5

L'autorité et le service

arracher d'être égal avec Dieu, mais s'est dépouillé lui-même, en prenant une forme de serviteur, en devenant semblable aux hommes; et ayant paru comme un simple homme, il s'est humilié lui-même, se rendant obéissant jusqu'à la mort, même jusqu'à la mort de la croix[5]. »

Pour rassurer ses disciples sur la raison de sa venue et du même coup enlever toutes les désillusions qu'ils se faisaient au sujet de son ministère, Jésus disait ouvertement : « *Je suis venu non pour être servi mais pour servir.* » La Bible dit : « *Si aujourd'hui tu sers ce peuple, leur cèdes et leur réponds bienveillamment, alors ils seront pour toujours tes serviteurs[6].* »

Roboam n'aurait pas expérimenté la fureur du peuple, s'il avait suivi ce sage conseil. Il serait bien dommage que des gens prennent l'attitude de serviteurs suivant le principe d'autorité pour de la manipulation. Ce serait même une condamnation pour ces gens-là. Jésus ne s'était pas seulement dépouillé, il s'est aussi humilié lui-même en revêtant une forme humaine, puis s'abaissant jusqu'à ne pouvoir descendre plus bas que l'infamie de son époque : le bois du calvaire. L'incarnation humaine, l'humble condition de serviteur et le sort ignominieux d'un brigand, tels sont les échelons de l'échelle du service et de l'amour du prochain. Un manipulateur n'aurait pas le cran d'en arriver jusque-là.

3. Aucune réussite n'est de la magie

Occuper une fonction d'autorité et réussir est un exercice qui requiert une certaine vertu. À première vue, l'autorité n'est ni tortueuse ni tyrannique. Lorsqu'un chef commence à exercer une force répressive sur ses protégés, c'est que son leadership a échoué et son autorité est rejetée. L'autorité est un berger et un père. On ne peut prétendre qu'un berger maltraite les brebis qu'il doit paître ou qu'un père brutalise

---

5 Voir Philippiens II 6-8
6 Voir I Rois XII 7

son propre enfant. L'appel de l'autorité est souvent une fonction de la preuve suffisante du sens de responsabilité, de la force de caractère et de la maturité spirituelle de l'appelé (e) [*la personne en question*].

Souvenez-vous que du point de vue de l'absolu, l'ordre est de rigueur et est maintenu suivant un principe établi. Lorsque la mère des fils de Zébédée s'était approchée de Jésus pour lui demander de mettre ses fils l'un à sa droite et l'autre à sa gauche, Jésus l'avait qualifiée ouvertement de femme ignorante et naïve, parce qu'elle ne connaissait pas ce qu'elle demandait. Car dans le royaume de Dieu, il n'y a pas lieu d'ordonner, d'agencer ni d'adapter. L'ordre y est éternellement maintenu suivant un principe prédéfini et fixé à cette fin. Or ce principe, c'est le service : « *Quiconque veut être grand parmi vous doit commencer par vous servir ; et quiconque veut être le premier doit commencer par être votre esclave*[7]. »

Personne ne sert charitablement son prochain sans s'exercer à la perfection. Le cœur du serviteur, c'est celui de Dieu. Dieu se trouve toujours élevé dans la conscience de quiconque sert sans égard à sa petite personne : « *Il n'est personne qui pour moi aura tout quitté, femmes, enfants, père, mère, terre et bien matériels, ne reçoit en retour le centuple présentement, dans ce siècle-ci, et dans le siècle à venir l'éternité*[8]. » « *Pour moi* » signifie pour une cause qui dépasse l'entendement humain ; le fait de se montrer charitable, sans arrière-pensée et pour des raisons purement désintéressées.

L'autorité est celui qui sert aujourd'hui avec dans son esprit une perspective éternelle. Cela ne révèle pas de l'amour naturel, c'est de la charité qui est une autre forme d'amour. Car dans l'amour naturel, nous nous plaisons seulement avec ceux-là qui nous aiment et qui nous

---

[7] Voir Matthieu XVIII 1-7 ; Matthieu XX 20-28 ; Marc X 35-45 et Luc XXII 24-27
[8] Voir Matthieu XIX 29

procurent un certain confort. Tandis que la charité, c'est l'ordre inversé. Nous allons vers ceux qui ont le plus besoin de nous et qui, peut-être nous plaisent le moins. Autrement dit, nous n'avons absolument rien à espérer après avoir servi ces gens-là.

Ne vous êtes-vous jamais demandé pourquoi Jésus avait accepté un sort aussi ignominieux pour la cause de l'humanité ? Dieu, n'est-il pas celui à qui rien n'est impossible ? N'y avait-il absolument aucun autre moyen pour prouver cet amour à l'humanité ? Il s'avère que la morale de ce sacrifice se résume en l'amour mutuel.

« *Je vous donne un commandement nouveau: Aimez-vous les uns les autres; comme je vous ai aimés, vous aussi, aimez-vous les uns les autres. À ceci tous connaîtront que vous êtes mes disciples, si vous avez de l'amour les uns pour les autres[9].* »

Nous devons reconnaître que l'amour vrai est extravagant dans ses dimensions et manifestations. Dieu était le seul qui connaissait ce processus, car il est Amour, tout amour et amour total. Dans l'ordre naturel, il n'y a point de sentiment ; et Dieu, contrairement à tout sentiment, ne change jamais. Cependant lorsque nous nous laissons imprégner par lui dans le service et l'exercice de l'amour, nous l'expérimentons en retour dans une mesure serrée, secouée et qui déborde.

4. À qui perd gagne

Servir n'est pas seulement une simple opportunité pour nous rapprocher de Dieu. C'est également le moyen par lequel nous élevons Dieu dans notre esprit et lui permettons de s'exprimer à travers nous. C'est dans le service que Jésus avait défini la raison de sa vie : « *Je suis*

---

9   Voir Jean XIII 34-35

venu afin que mes brebis aient la vie et qu'elles soient dans l'abondance[10]. » L'amour que Jésus avait exprimé en faveur de l'humanité n'était pas un simple sentiment. C'était de la charité, pas de la pitié ni de la complaisance ; mais la forme la plus parfaite de l'amour. En effet, la charité, c'est une vertu théologale qui consiste dans l'amour de Dieu et du prochain. C'est différent que d'aimer sa femme et ses enfants.

Du reste, combien de fois êtes-vous parvenus à préciser sans arrière-pensées à votre femme une raison pour laquelle vous étiez tombé amoureux d'elle ? Ah ! C'est maintenant que vous vous mettez à y réfléchir, n'est-ce pas ? Parce que soit l'objet de cet amour était superflu soit qu'il était simplement opportuniste. L'amour érotique comme certaines autres formes d'amour est souvent basé sur le sentiment. L'objet de la charité qui est l'amour agapè est bien déterminé, parfaitement distinct et très bien défini. Paul a dit que Jésus ne s'était jamais apitoyé d'être une proie à arracher d'être l'égal de Dieu, mais il s'est dépouillé lui-même[11]. L'amour de Dieu est surnaturel. Il n'y a qu'en donnant notre vie dans l'amour et le service que nous pouvons la retrouver.

Le service, c'est comme l'amour, il est le don de soi-même. Il n'y a aucune forme de mesquinerie dans le témoignage du véritable amour, et particulièrement dans l'exercice du service dans l'amour, il n'y en a point de pareil. Cependant, ce n'est pas un péché d'espérer recevoir quelque chose pour avoir rendu un service avec cœur. Au fait, en vertu du principe naturel de cause à effet, vous en recevrez beaucoup plus et davantage que ce que vous aurez donné. La seule différence sera ce que vous aurez gagné constituera le résultat plutôt que le but. Car le but sciemment recherché, au contraire de cela, est une répugnance pour l'idée même du profit.

---

10   Voir Jean X 10
11   Voir note no 5

Cet argument devrait expliquer la désillusion d'un homme agissant charitablement et à qui l'on prête l'intention d'y gagner quelque chose ou de s'attendre à quelque satisfaction ou récompense personnelle. Pourtant un autre, depuis la fleur de l'âge, commençait à donner des bribes d'aperçus sur l'objet désintéressé de sa vie : « *Je suis venu m'occuper des affaires de mon père[12].* » Les affaires de son père, c'était ramener l'humanité à Dieu. Or son appel aurait été avorté en dehors de la pratique assidue du service et de l'amour intégral. La charité et le service n'impliquent pas de circonspections mesquines.

La mesquinerie est une manifestation charnelle tandis que l'exercice de l'amour et du service est une expression de l'esprit. Or, la chair et l'esprit ne font jamais bon ménage[13]. Servir dans l'autorité n'est jamais une tâche facile. Mais nous devons avoir foi en celui qui a fait la promesse. La promesse : « *Il sera rendu à chacun selon ses œuvres[14].* » Lorsque nos œuvres consistaient à honorer Dieu et à le servir, il n'y a pas lieu de s'attendre à de la malchance ou à de la malédiction. Jésus a enseigné le renversement de l'ordre naturel : Quiconque veut être premier agit comme étant le dernier. Et en ce qui concerne les 'qu'en est-il de moi', laissez le soin au Maître d'avoir le contrôle : Personne ne peut venir à moi sans renoncer à lui-même et se charger de sa croix. Car quiconque voudra sauver sa vie la perdra et celui qui la perdra à cause de moi la retrouvera[15].

5. Investissez dans un « mentor » exceptionnel

Un dicton dit que l'on n'a rien pour rien. En d'autres termes, quel que soit le résultat que nous escomptons d'une démarche ou d'un effort, il est conditionné par une loi de cause à effet. Ainsi, la réussite dans le leadership n'advient qu'à ceux-là qui donnent suffisamment

---

12   Voir Luc II 49
13   Voir Romains VIII 2-11
14   Paroles de Jésus-Christ
15   Voir Matthieu XVI 24-25

de preuve de leur adhésion à travers le service et l'amour fraternel. De plus, qui peut être un grand maître sinon un disciple accompli. Or l'accomplissement n'est possible qu'à travers un disciple dont le cœur sait servir et aimer. Le disciple accompli, c'est celui qui se soumet sans conteste et librement dans l'obéissance, le service et suivant l'enseignement d'un mentor assermenté et légalement établi.

Il n'est donné à aucun homme, à moins d'être un imposteur, d'aller prêcher l'Évangile du Christ ou d'entreprendre d'édifier l'église de Jésus-Christ, s'il n'ait d'abord été ordonné par quelqu'un qui en a l'onction et l'autorité. Élisée n'aurait jamais été ordonné prophète en dehors du service. La Bible dit qu'il reçut 'une portion double[16]. De même, Josué, serviteur de Moïse depuis son plus jeune âge, était le mieux qualifié à être investi de l'autorité pour prendre le relais et conduire le peuple d'Israël à destination. Le service dans l'amour est l'une des clés pour un leadership efficace. Or, c'est seulement auprès d'un entraîneur émérite que l'on puisse apprendre ces valeurs. Lorsque ces vertus sont absentes, il n'y a point d'autorité qui puisse tenir longtemps. À dire vrai, il n'y pas de leadership en dehors de l'amour et du service, dans le cas contraire, ce sont la tyrannie et l'oppression[17].

Le meilleur maître, c'est le plus grand serviteur et le plus grand serviteur, c'est le meilleur maître. On ne sert pas sans aimanter des cœurs et on ne devient plus habile que dans le service. Tout appel est une incitation au service. Soit que vous avez été appelé à être père de famille, président de la République, Maire de la commune, Pasteur d'église, Directeur d'école, professeur de cours, PDG d'entreprise. Vous êtes appelé au renoncement de vous-même en vue de protéger, servir les gens, les aimer au point de vous donner corps, âme et esprit pour leur bien-être. Jésus a dit : « *Personne ne perd sa vie pour une cause noble*

---

16   Voir I Rois XIX 19-21
17   Voir Marc X 41-43

sans la retrouver au centuple[18]. » Perdre sa vie, n'est pas se suicider ni se laisser marcher dessus. C'est plutôt un renoncement à soi-même, l'apprentissage du don de soi pour le plus grand nombre. En donnant de nous-mêmes, on aura toujours de nous-mêmes à donner.

Dans le service, on apprend la maîtrise de soi-même et à vivre au-delà de notre « *petite personne* ». Aucun homme n'est connu pour ce qu'il a reçu, mais pour ce qu'il a donné. Avec ce que l'on reçoit, à peine arrivera-t-on à améliorer sa propre vie ; mais ce que l'on donne peut faire renaître des vies. Servir, c'est aimer charitablement, de manière inconditionnelle ; et on ne s'exerce à la charité sans risquer même sa propre vie. Tout cela ne s'apprend pas à l'école, mais d'un mentor pour qui vous éprouvez un sentiment profond de respect et d'attachement. L'investissement que vous êtes prêt à consentir dans un entraînement ardu déterminera la hauteur que vous atteindrez dans le sommet du succès de la vie.

6. Sur les pas de Jésus

Dans le service, Dieu vise en priorité le renforcement de notre force de caractère. Le service est un apprentissage en vue d'une mission. Devenir un vrai leader se fait toujours dans un long processus, et c'est dans ce processus que nous devenions le disciple accompli. Dans le service se trouve confiné le trésor de la gloire et de l'accomplissement. Les hommes de caractère, de discipline, de rigueur et de soumission sont une plante de serre. Cette rareté se justifie à travers un cœur de serviteur ayant accompli son sacerdoce dans l'allégeance à Dieu, la soumission à un ordre hiérarchique et l'amour du prochain. Dieu bâtit notre force de caractère en même temps qu'il pourvoit à notre capacité de nous conformer à l'ordre qu'il a établi. Le processus de notre élévation requiert de la patience et la confiance en celui qui a fait la promesse.

---

18 Voir Matthieu XIX 29

La Bible rapporte que Moïse était un homme fort patient[19]. De même, nous devons user de patience en toutes choses et nous mouvoir selon les perspectives de Dieu, car alors, nous aurons atteint le but pour lequel Dieu nous avait créé.

7. Autorité, service et sacerdoce

L'autorité est une fonction généralement imprégnée d'onction. Or onction et service sont une paire indissociable. On ne peut pas aspirer à l'onction sans le désir sincère de servir les autres. Ainsi, tout homme servant dans l'amour et sans arrière-pensée est nécessairement oint du Saint-Esprit. Pourquoi d'ailleurs avoir l'onction si ce n'est pour servir ? C'est comme une personne qui désire devenir pédiatre et qui déteste voir des enfants. C'est une vraie ineptie ! Dieu nous appelle, non pour faire le glorieux, mais pour le servir humblement à travers la cause de l'humanité.

La raison d'être de l'homme est donc inhérente à l'amour et au service. L'amour vient de Dieu et émerge du cœur. La meilleure façon de le vivre, c'est de ne pas s'attendre à aucun intérêt ; de ne jamais chercher à être gagnant. On aime réellement lorsque l'on vit sa vie pour l'autre. L'autorité, en somme, est le paquet de l'onction du service, de la responsabilité et du leadership.

La Bible dit que Dieu ne se plaît qu'aux humbles. Or c'est dans le service que l'on apprend l'humilité. Le plus grand malheur d'un homme c'est d'hériter d'une autorité sans avoir appris à servir et apprendre à se soumettre. Ramsès II aurait pu échapper à son orgueil, et ainsi qu'à son sort, l'ayant amené jusqu'à s'opposer à Dieu, si seulement il avait su se montrer humble, serviable et coopérant : « *Qui est l'Éternel pour que je lui obéisse ? Je ne connais point l'Éternel*[20] *!* » soutient-t-il.

---

19   Voir Nombres XII 3
20   Voir Exode V 2

Dans une telle attitude, Ramsès s'est montré hostile en se prétendant être le pharaon. Or, au regard de Dieu, qu'est-ce que l'homme ? Qui est pharaon lui-même ? C'est la mésaventure des grandes civilisations humaines où la dynastie en dehors de la culture des vertus telles que l'exercice du service et la pratique de l'amour du prochain était de rigueur.

Comprendre l'autorité

***

Somme toute, Dieu appelle chaque homme à un niveau déterminé dans l'autorité : On l'exerce ou on s'y soumet. Celui qui exerce l'autorité le fait pour défendre, épanouir et développer le potentiel de son protégé et celui qui s'en soumet apprend à devenir lui-même à son tour une autorité au temps convenable. Aussi, il va sans dire que Dieu exerce à tous les points de vue un appel sur notre vie. Avoir un avis différent signifie nier toute allégeance à Dieu et la valeur inestimable de l'exemple du Christ, lequel nous a appelés à suivre la trace qu'il nous a laissée.

Il n'est personne qui puisse se rendre vraiment utile et se rapprocher de Dieu à moins que ce soit par le service et la pratique de l'amour fraternel. Jésus a dit : « *Il n'est rien que vous aurez fait ou prétendu avoir fait à l'un de ces plus petits sans le faire à Dieu lui-même[21].* » En d'autres termes, tout ce que nous aurons fait [...] Tout ce que nous n'aurons pas fait [...] Tout le bien ou tout le mal que nous aurons rendu à l'un des fils des hommes. Gardons-nous le souvenir du regard de celui que nous avons secouru ? Conservons-nous en mémoire l'expression du visage de celui à qui nous avons fait du tort ? C'est le regard et l'expression du visage de Dieu lui-même. Le moment venu, nous reconnaîtrons cette lueur dans Ses yeux.

CHAPITRE 7

Le danger de la rébellion

1. D'où vient l'esprit de rébellion ?

La rébellion remonte de très loin, d'un lieu où l'on ne pourra y accéder qu'en pensée. En effet, ce lieu d'où elle émane n'est situé dans aucun espace physique ni un endroit où l'on pourrait décrire ou attribuer une position géographique possible pour que quelqu'un puisse se décider d'aller le chasser tel que Jésus l'avait fait pour les voleurs qui marchandaient dans le temple de Dieu. De plus, on ne peut pas dire de la rébellion qu'elle a été instituée par un tel homme à qui il faut constamment retenir le blâme des malheurs de l'humanité. En fait, la rébellion est une perversion qui échoit de la nature humaine, et en tant que telle, elle est produite de l'intérieur et provient du cœur de l'homme. Pour mieux comprendre ce que nous disons, considérons et comparons les scènes de Genèse I 26 et III 1-6.

Scène 1 : « *Puis Dieu dit: Faisons l'homme à notre image, selon notre ressemblance, et qu'il domine ...* »

Scène 2 : « *Il dit à la femme: Dieu a-t-il réellement dit: Vous ne mangerez pas de tous les arbres du jardin? La femme répondit au serpent: Nous mangeons du fruit des arbres du jardin. Mais quant au fruit de l'arbre qui est au milieu du jardin, Dieu a dit: Vous n'en mangerez point et vous n'y toucherez point, de peur que vous ne mouriez. Alors le serpent dit à la femme: Vous ne mourrez point; mais Dieu sait que, le jour où vous en mangerez, vos yeux s'ouvriront, et que vous serez comme des dieux, connaissant le bien et le mal. La femme vit que l'arbre était bon à manger et agréable à la vue, et qu'il était précieux pour ouvrir l'intelligence; elle prit de son fruit, et en mangea; elle en donna aussi à son mari, qui était auprès d'elle, et il en mangea.* »

La compréhension de ces deux passages traduit un véritable désordre spirituel. Elle indique qu'il y avait une malice dans le cœur de l'homme. Autrement, pourquoi cherchait-il à ressembler au Créateur à l'image duquel il a été créé ? À l'évidence, l'homme devenait jaloux de son Créateur. La jalousie est un sentiment douloureux et hostile qu'on éprouve en voyant un autre jouir d'un avantage qu'on ne possède pas ou qu'on désirerait posséder exclusivement. La jalousie génère l'orgueil et la révolte. Aucun homme ne se soumet à un autre dont il espère prendre la place.

De nos jours, les hommes appellent liberté la seule possibilité d'assouvir leurs sens dans la mesure où personne ne leur fait obstacle. Par ce défaut de raisonnement, ils se rabaissent au niveau de la bête en se mettant à désirer d'agir sans aucune forme de contrainte. Cependant l'agir humain, contrairement à celui de la bête, n'est pas censé être défini par un pouvoir extérieur ou par une force contraignante. L'esprit de Dieu qui demeure en chacun de nous devrait être notre centre de pensée, de raisonnement et de décision. Le problème a toujours existé puisqu'il est de la nature même de l'homme. Cependant, il n'a pris de l'ampleur que lorsque toute l'humanité devenait imprégnée par un centre parallèle de vrais et de faux raisonnements. Ce cataclysme a désorganisé à nouveau toute la création et créé une confusion sans précédent de sorte que la plus parfaite création de Dieu ne devienne par la suite qu'une vulgaire masse de viande bornée et encombrée de fardeaux.

La rébellion, en conséquence, tient son émersion dans ce désordre spirituel, qu'est le péché. Et quoique Dieu ait pu ramener toute sa création à l'ordre, l'esprit de l'homme cependant est la seule chose qui n'est pas sorti dans les limites qu'il s'est lui-même créé. Pourquoi, selon vous, l'homme continue-t-il à se rebeller contre l'ordre établi ? Son esprit entrevoit à peine les limites que ses yeux charnels lui permettent de voir. Il n'est plus l'esprit intelligent qu'il fut jadis. Il est dorénavant un instinct ambulant qui a besoin de se libérer d'éléments extérieurs contraignants comme les lois, l'ordre et l'autorité. La véritable liberté pourtant agit sans égard aux contrariétés capables de provenir d'un pouvoir particulier, quel qu'il soit, à sa propre volonté, parce qu'elle fait ce qui doit être fait sans avoir à se repentir ni à se plaindre.

2. Révisez votre définition du mot « liberté »

D'entrée de jeu, la rébellion semble être une façon d'exprimer un besoin d'être libre. Mais ce n'est qu'une arnaque. Car en réalité, aucune forme de liberté ne peut être obtenue par le désordre. Au fait, tout homme est créé libre. Avant d'être sujet à un pouvoir dictatorial et profitant, l'homme était amené à choisir soit de s'en détourner ou de l'accepter. Nous avons toujours un choix à faire.

Le choix peut être difficile, imprévisible ou incertain, mais il est toujours présent lorsque qu'il s'agit de prendre une décision. Et c'est là que nous sommes amenés à faire usage de notre bon sens et de la loi de la priorité. Car entre plusieurs options, il y en a une qui est toujours plus importante. En ce sens, l'homme libre obéit à une loi qui est issue de son propre être. Serait-ce malaisé de convenir que ce peut être cette loi intime qui détermine la liberté véritable ? Il se peut même qu'elle soit la liberté à proprement parler. Mais nous devons comprendre que l'homme est toujours gouverne par une loi qu'il n'a jamais choisie de façon consciente. Cette loi le détermine de l'intérieur. Elle lui est immanente. Ce qui peut nous amener à déduire que la liberté, c'est le résultat qui détermine l'homme de l'intérieur, non en tant que masse de chair limitée mais en tant qu'esprit intelligent et illimité.

Etre libre, c'est donc dépendre de son esprit d'où est confiné le coffre-fort de la sagesse et de la connaissance de Dieu. Ce, auquel

Kant applique dans sa « *Critique de la raison pratique[1]* » en prétendant qu'expliquer la liberté, c'est la détruire. C'est en effet la réduire à ses causes et donc la nier.

Mais quoiqu'indéniable, la liberté semble presqu'indéfinissable. Cela est ainsi sans doute parce que la liberté, c'est une partie de Dieu. Or, nous savons que Dieu ne se révèle jamais à moins que l'homme le désire vraiment et fait ce qui doit être fait en conséquence. « *Je me laisserai trouver par vous si vous me cherchez, mais c'est si vous le faites de tout votre cœur.* »

Rappelez-vous toujours ceci : Dieu, c'est l'Esprit. Et du point de vue de l'esprit, il y a toujours une façon propre de procéder. Le Christ a dit : « *Vous connaîtrez la Vérité et elle vous libèrera[2].* » Connaître la vérité signifie se laisser imprégner par elle, se fusionner ou devenir avec elle une seule chair. La vérité n'est pas de ce monde ; et personne ne peut la connaître si ce n'est par l'esprit. Or le Seigneur, c'est l'Esprit ; et là où est l'Esprit du Seigneur, là est la liberté[3].

3. La rébellion provient de l'ignorance

Il est grotesque de s'insurger contre l'autorité dans la soi-disant conscience d'être créé libre. Il n'y a qu'un seul nom à une telle vulgarité que celui de l'ignorance. Car en fait, il n'existe aucune forme de liberté qui exclut la soumission. La liberté n'est pas le pouvoir d'agir à sa guise en faisant tout ce que l'on veut lorsque l'on veut ; mais plutôt le fait de pouvoir se déterminer soi-même en dehors de toute forme d'assistance, dans sa façon de penser, de s'exprimer, de se comporter ou d'agir. Être libre, c'est être performant et compétent ; c'est la capacité de discerner ce qui nuirait à notre entourage et l'habilité à percevoir soi-même les

---

1 © 1788, Traduction de F. Picavet. Puf., Collection « Quadrige », 5ème édition, 1997. pp. 90-100
2 Voir Jean VI 38
3 Voir II Corinthiens III 17

Le danger de la rébellion

limites de ses droits. C'est l'ignorance qui nous fait penser le contraire.

En effet, l'ignorance semble être à la base de presque toutes les calamités qui ruinent l'humanité. Mais quoiqu'il en soit, l'ignorance n'a rien à voir avec l'innocence. L'innocence, c'est l'état de l'être qui n'est pas souillé par le mal et qui est incapable de le commettre. À l'époque de Greuze[4] et au XIXème siècle, l'innocence a été souvent le titre de compositions sentimentales qui inspire les meilleurs peintres et sculpteurs. Ainsi, dans un tableau de Rubens[5], elle est symbolisée par trois enfants nus auxquels un génie apporte un agneau. Le chiffre « trois » est le nombre de l'universalité ou l'union absolue. Les enfants sont un symbole de naïveté, d'ingénuité ou de crédulité. Leur nudité, c'est leur état normal de pureté. L'agneau, c'est l'humilité (*humilitiet au Xème siècle, en ancien latin puis humilitas, en latin ecclésiastique*), c'est-à-dire l'absence complète d'orgueil ou le renoncement volontaire à soi par conscience de son insuffisance et par pure modestie.

L'ignorance, au contraire, c'est la confusion. La confusion n'est pas un manque ou une absence complète de connaissance ; c'est une méprise de l'intelligence faisant croire qu'on est sur la bonne voie lorsqu'on est au Nord tandis que notre destination a été le Sud. Autrement, comment l'homme serait-il amené à convoiter d'égaler Dieu, le Créateur. Vous voyez ! L'ignorance n'est pas mésintelligence, ni déraisonnement encore moins méconnaissance. Elle est une confusion résultant d'un excès de confiance en soi. Un peu de modestie délivrerait l'humanité de la rébellion et de sa perdition.

---

4   Greuze, Jean-Baptiste (1725-1805), peintre français, spécialisé dans les scènes de genre.
5   Rubens, Pierre Paul (1577-1640), le plus important peintre flamand du XVIIème siècle, dont le style incarne les aspects les plus caractéristiques du baroque nordique.

4. La rébellion est un "boomerang"

La rébellion provient généralement de l'orgueil, de l'offense ou de l'ambition. Ces faiblesses, nous le savons, sont foncièrement haïssables. Or le haïssable, c'est le désamour de soi-même en ce sens que selon une loi de la physique, l'image que nous projetons nous revient toujours en arrière-plan. Ainsi, lorsqu'à Hatséroth, Myriam pensait pouvoir défier Moïse, son guide, elle s'était attiré la conséquence assez odieuse si bien qu'il lui avait fallu sept jours de mise en quarantaine pour être entièrement purifiée de sa lèpre. Il est clair que l'Ethiopienne n'était pas la véritable cause de la tentative de révolte de Myriam et d'Aaron. Elle était plutôt un alibi pour dissimuler leur orgueil et leur jalousie au regard d'un petit frère que les circonstances sociales avaient rendu célèbre au point de devenir leur chef. Orgueil signifie en essence sentiment hostile ; c'est autre chose que de l'amour-propre. Ressentir l'orgueil, c'est se sentir suffisant : « *Est-ce seulement par Moïse que l'Éternel parle ? N'est-ce pas aussi par nous qu'il parle*[6] ? »

De même, lorsque Koré, Dathan, Abiram et deux-cent cinquante hommes du peuple se sont attroupés pour ameuter le peuple contre Moïse, ils avaient délibéré à l'insu de leur chef que tous les enfants d'Israël, tous autant qu'ils sont, sont saints. Il y a dans cet alibi une bribe de vérité et donc, la preuve que ces hommes avaient une certaine connaissance de Dieu. En effet, l'auteur les avait décrits comme étant les principaux de l'Assemblée, ceux qu'on convoquait à l'Assemblée en situation d'urgence et qui étaient des hommes de renommée accrue. Car effectivement Dieu ne fait point acception de personnes et à ses yeux, nous sommes tous maintenus dans l'égalité. Cependant, ce ne fut point la motivation de leur révolte. En réalité, ils s'étaient rendus jaloux de Moïse et voulaient chacun s'égaler à lui et ainsi, se faire passer pour des chefs à part entière. Mais nous connaissons la suite de l'histoire : leur sort et celui de toute leur famille étaient désastreux. Je vous invite

---

6   Voir Nombres XII 1- ...

Le danger de la rébellion

à lire la suite du récit[7].

Lorsque nous recevons l'amour de Dieu dans un sentiment hostile, cet amour se transmue (*se change*) en un feu dévorant capable de produire des effets néfastes et inouïs : « *La terre ouvrit sa bouche et les engloutit ; eux, leurs maisons et leurs biens. Et ils descendirent vivants dans le séjour des morts ; la terre les recouvrit et ils disparurent au milieu de l'Assemblée.* » Tandis que le principe abonde vers vous en un torrent d'amour et de vie, et que vous réagissez dans l'opposition, l'accomplissement de la loi est d'un côté positif et de l'autre négatif : Vous coupez vous-même la branche sur laquelle vous êtes assis ; et par conséquent, vous tombez. Il n'en est pas ainsi du fait de la nature de Dieu. Dieu, au contraire, est amour dans l'absolu. Mais il en est ainsi du fait de votre propre nature qui est votre principal ennemi et qui vous empêchent d'émanciper.

5. La rébellion ne peut nous amener qu'à notre perte

Il n'y a de salut que dans l'humilité et il n'est point donné à l'homme orgueilleux d'expérimenter la rédemption. La Bible dit que Dieu résiste aux orgueilleux mais il fait grâce aux humbles[8]. Jésus a enseigné que ce serait inconvenant de jeter le pain des enfants aux chiens[9]. Autrement dit la grâce de Dieu ne se donne pas, elle se mérite. Cela est ainsi du fait de la loi naturelle de cause à effet : on attire ce que l'on a rayonné. On est aimé parce qu'on a aimé. On pardonne avant d'être pardonné. Rien ne va de soi. L'apôtre Jean a dit seuls ceux qui l'ont reçue reçoivent à leur tour le droit d'être appelés enfants de Dieu[10]. Nous devons revenir au lieu de départ et reconsidérer notre raison au risque de ne jamais pouvoir nous épanouir et jouer le véritable rôle pour lequel nous avons été créés.

---

7 Voir Nombres XVI 1-40
8 Voir Romains XII 2 ; I Pierre V 5
9 Matthieu XV 26
10 Prologue de l'Évangile de Jean, au verset 12

Quant aux motifs des mouvements insurrectionnels, l'homme cherche toujours et à leur propre détriment de se justifier en énonçant de fausses raisons : À la conquête de la liberté ! La liberté, cependant, implique forcément la conscience de sa propre cause. L'homme connait toujours les véritables motivations de ses actions. Ainsi nous le disions récemment, la liberté n'est pas le pouvoir de faire tout ce que nous voulons ou tout ce qui nous plaît.

Au fond, la liberté est autre chose que l'indépendance ou l'autonomie. Serait-ce une liberté sans règles ? En fait, l'homme a été conçu libre signifie qu'il a reçu le pouvoir de se façonner en déterminant de lui-même sa propre destinée. Or cette « *sorte de liberté* », qui est forcément une approche peu populaire, est régie suivant des lois divines éternelles. Et si cette liberté demeure jusqu'à présent une énigme et si nous ne parvenons pas encore à en entrevoir le sens véritable, il vaudrait mieux retourner à notre source et rayonner en amour et en pardon de nous-mêmes : Si le Fils nous affranchit, nous serons réellement libres[11].

CHAPITRE 8

Pourquoi les gens sont-ils si hostiles aux autorités ?

La rébellion peut-elle être justifiée ?

1. Les séquelles de l'injustice et du système colonialiste

D'où vient que les hommes, en particulier ceux de couleur, expriment autant d'aversion à chaque fois qu'il s'agit pour eux d'obéir à une loi ou de se soumettre à un principe ou à un chef ? Pour chercher à savoir les raisons de l'antagonisme d'un homme contre l'autorité, sans qu'il ne soit nécessaire de remonter aux temps préhistoriques, nous vous proposons un regard rétrospectif remontant seulement à l'époque où l'esclavage, la plus contraignante des formes de servitude humaine, avait été adoptée comme institution sociale établie par la loi et la coutume.

En effet, un homme ayant longtemps vécu sous le joug de l'assujettissement et, dans la mémoire duquel sont indélébilement incrustées la crainte de l'homme et les prouesses de l'asservissement, quand même vous auriez pris le temps de lui rassurer de votre bonne foi, il se méfierait de vous. Il y a lieu de croire qu'il est même difficile à un homme dont les ancêtres avaient vécu sous le régime colonialiste d'apprécier à sa juste valeur le principe de l'autorité. Parce que pour lui, autorité est synonyme d'oppression, de domination, d'exploitation et de verges. Au reste, un système dont les principales caractéristiques sont le travail forcé, ainsi que le fait que la personne physique est considérée comme étant la propriété d'une autre personne, son propriétaire, à la volonté duquel elle est entièrement assujettie, est nécessairement répulsif et profondément immoral parce qu'essentiellement abusif.

De plus, dans la plupart des sociétés, les esclaves étaient rangés dans la catégorie des biens matériels et des instruments fonctionnels. Aussi pouvaient-ils être achetés, vendus, négociés, offerts en cadeau ou mis en gage pour une dette contractée par leur propriétaire, sans avoir d'ordinaire le moindre pouvoir d'objection personnelle ou légale. Ces faits, entre autres, convergent à justifier les raisons pour lesquelles un homme, qui a connu dans son passé la servitude ou qui a vécu toute son enfance ou une grande partie dans la domesticité et la peur d'un bourreau, d'accepter de se soumettre, dans sa vie d'adulte, à une autorité, qu'elle soit profitable. Fort de cette observation, il y a lieu de croire qu'une conception erronée de l'homme vis-à-vis de l'autorité remonte généralement à son expérience passée, et que, malheureusement, cette expérience n'est pas si innocente pour ne pas résulter inévitablement en désastre à tous les points de vue.

2. L'horreur du système colonialiste

Le colonialisme désigne pendant longtemps un système d'exploitation diabolique. Ce régime est le fait pour un homme, un état ou un pays d'exploiter sans vergogne un autre à son seul profit. Parmi les régions du monde où cette doctrine a évolué, l'État des Confédérés du sud des États-Unis de 1861 peut servir une référence probante. En 1607, les Anglais ont remonté le fleuve James et fondé une colonie permanente à Jamestown, dont la prospérité s'est construite autour de la culture du tabac, développée à partir de 1612. Les premiers Noirs ont été importés d'Afrique à partir de 1619 et utilisés comme main-d'œuvre avec un statut d'esclave à vie héréditaire. Lorsque le gouvernement anglais a fait valoir son autorité pour lever des impôts et gérer la politique foncière, les Virginiens sont entrés en rébellion aux côtés d'autres colonies, en 1775. La Virginie a ainsi pris une part active à la guerre de l'Indépendance, qui s'est achevée avec la défaite des Anglais à Yorktown, le 19 octobre 1781. Esclavagiste, la Virginie a fait sécession en 1861 quoique certains comtés de l'ouest de l'État fussent restés fidèles à l'Union.

Cependant, quoique le Nord majoritaire conduit par Abraham Lincoln ait décidé d'abolir l'esclavage dans ses contrées, le Sud minoritaire, sous l'égide de Jefferson Davis et du Général Robert Lee revendiquèrent encore, quant à eux, l'esclavage comme unique moyen de conserver leurs économies et maintenir la supériorité de la race blanche. Voici une bribe de l'histoire des colons qui se débattaient à maintenir le système ségrégationniste du Sud et la façon dont ils procédaient. Le premier répond au nom de Henry Berry. C'était un sénateur, propriétaire d'esclaves qui en tiraient d'énormes profits : Nous devons faire tout notre possible pour empêcher à la lumière de la compréhension de pénétrer la chambre noire de l'esprit de l'esclave. Et si nous y apercevons, ne serait-ce qu'une simple lueur de discernement, nous devons la dévier en leur faisant croire ce que nous sommes tenus de leur faire croire en vue de conserver notre prééminence sur eux.

Il faut détruire toutes capacités savantes, mêmes les plus minuscules, de l'esclave; leur inculquer des notions selon lesquelles ils seront portés en eux-mêmes à croire qu'ils ne sont que des objets conçus pour remuer la terre, des instruments destinés à fertiliser le sol et le cultiver. C'est alors que nous pouvons nous assurer d'avoir un système d'exploitation d'esclaves fiable. En parvenant à maintenir ces nègres dans l'esclavage et dans l'ignorance de leurs potentialités, nous parviendrons du même coup à les réduire au niveau des bêtes sauvages qui sont dans nos forêts et dans nos jungles. Alors nous pouvons être tranquilles, sachant que finalement nos femmes et nos enfants pourront dormir sereinement dans nos lits et nos plantations s'accroître en toute sécurité[1].

Ensuite, Willy Lynch – 1712, un propriétaire d'esclaves des plus véhéments du clan de la Caraïbe, fut amené dans l'état de la Virginie pour enseigner aux propriétaires sudistes ses méthodes à la fois très

---

1   Sénateur Henry Berry – Virginia © 1832 [Comté Est des États-Unis] The Speech, Human mark Philadelphia, © 1983

simples et foncièrement diaboliques. Ces méthodes consistaient à garder l'esclave fort physiquement mais faible psychologiquement, et dépendant de son maître. Il disait : laissez-lui son corps mais prenez son esprit. Voici son discours d'introduction et la façon dont il a introduit son endoctrinement: Je vous salue de la rivière Jacques, je suis heureux et très flatté d'être ici dans l'état de la Virginie afin d'apporter une solution durable à vos problèmes d'esclave. Votre invitation m'est parvenue justement au moment de finir une toute nouvelle expérience sur les esclaves de ma plantation de la Caraïbe avec des anciens collègues pour contrôler nos esclaves.

Rome va nous envier parce que nous avons perfectionné leurs propres méthodes et que nous sommes arrivés à bien de meilleurs résultats que leurs propriétaires d'esclaves. Cette rivière qui porte le nom de notre roi et cette Bible sont des objets de fierté auxquels va s'ajouter une nouvelle raison d'être encore plus fiers. Tandis que la Rome ancienne avait adopté des cordes de pendaison et des croix de tourment, nous avons suivi à tort leurs exemples en utilisant également des cordes sur des arbres pour pendre nos esclaves. Cependant, la pendaison en nombre n'est pas la méthode viable à appliquer. Puisqu'entre autres conséquences, elle pourra se révéler par la suite une pure perte d'énergie, de temps et d'argent. En effet, la pendaison n'est pas uniquement un facteur pour perdre inutilement la somme pour laquelle chacun d'entre nous avait acquis nos esclaves mais également un moyen pour inciter le reste à se révolter.

Tandis que nous serons préoccupés à appliquer cette méthode, dit-il, nos récoltes resteront sans être moissonnées et nous courrons à notre perte. Nos animaux seront empoisonnés et vos sources envenimées. Gentilshommes, Messieurs, je ne suis pas venu jusqu'ici pour vous faire un long exposé de vos inquiétudes mais pour vous en donner la paix de l'esprit en vous proposant des solutions efficaces et durables.

Pourquoi les gens sont-ils si hostiles aux autorités ?

J'ai avec moi la preuve que nous pouvons contrôler nos animaux esclaves et la garantie que si vous appliquez correctement ce programme, nous réussirons ensemble à contrôler les hommes de couleur pour au moins trois cent ans encore. Cette méthode est simple et tous les propriétaires peuvent en avoir recours. Voici comment il faut procéder : Je prends le temps pour relever un nombre de différences entre mes esclaves et je m'occupe à prendre leurs petits différends pour en faire un véritable motif de discordes et de désunions. Je les montais constamment les uns contre les autres. J'utilise la peur, la méfiance, et l'envie afin de mieux les contrôler.

Ces méthodes sont très rentables pour mes plantations et le développement de l'agriculture, qui donne naissance notamment à diverses activités de transformation : agroalimentaire (*viande, charcuterie, produits laitiers*), textile (*laine*), tabac, bois (*papeterie*) et cetera. Et cette même méthode produira également les mêmes résultats partout ailleurs et, particulièrement ici, dans le sud des États-Unis. Prenez ces simples petites différences et pensez-y à fond.

Ensuite il a ajouté qu'en tête de sa liste se trouve inscrit le critère de l'âge. Il dit avoir commencé avec l'âge parce que l'orthographe du mot débute par un « A » et que celui-ci est la première lettre de l'alphabet. Le deuxième vocable de sa liste était la couleur[2], Il y avait également inscrit l'intelligence, la souplesse des cheveux, la taille, la corpulence, le statut, le sexe, l'étendue et le positionnement géographique du champ dans lequel l'esclave est affecté. Il poursuit son exposé pour demander aux autres propriétaires d'esclaves d'élaborer chacun une liste de différences en s'inspirant des exemples qu'il venait de leur illustrer.

---

2 Il y avait, en effet, une catégorisation d'esclaves. Les « bois d'ébène », ceux dont la peau était plus foncée et ceux qui étaient bruns ou de couleur bistre et ceux dont la peau était encore nettement plus claire. Cette distinction de couleur avait été utilisée par les colons pour sectionner leurs esclaves afin de mieux les contrôler.

Il avait endoctriné ses esclaves en leur apprenant que la méfiance est de loin plus puissante, et comme par étonnement plus maligne que la confiance. L'envie est plus forte que le respect et l'adulation. Apres avoir reçu cet endoctrinement, ses esclaves étaient non seulement imprégnés pas cette croyance mais encore ils se sont assurés de l'avoir transmis à leurs enfants et les enfants de leurs enfants pendant des années. Lynch avait appris aux propriétaires le mécanisme qui leur permettrait de dresser les esclaves plus jeunes contre ceux qui étaient vieux, ceux qui avaient la peau un peu plus claire contre ceux qui étaient plus foncés, ceux qui travaillaient dans les plaines contre ceux qui travaillaient dans les montagnes.

Il leur avait également recommandé de constituer de petits groupes d'esclaves qui devront avoir pour chef un blanc pour s'assurer que les esclaves sont toujours méfiants entre eux. Ce blanc doit apprendre les techniques qui lui faciliteront la tâche de faire croire aux esclaves qu'ils sont dépendants de leurs propriétaires et redevables à toute la race blanche. Les hommes de couleur ont été créés pour aimer, respecter et servir les blancs, les enseignent-ils. Ils ne doivent aimer, respecter, se fier et se soumettre qu'à leurs propriétaires.

Voici comment Lynch avait illustré sa méthode: « *Prenez le nègre le plus contestataire, déshabillez-le devant les autres noirs, hommes, femmes et enfants. Roulez-le dans le goudron et les plumes. Attachez ses jambes à deux chevaux dans des directions opposées, mettez sur lui du feu, puis fouettez les chevaux jusqu'à ce qu'ils le démembrent, devant les nègres hommes, femmes et enfants. Ensuite fouettez et battez jusqu'au sang tous les nègres mâles qui y ont assisté. Ne les tuez pas mais gravez la crainte de Dieu dans leur peau, parce qu'ils pourront servir pour la reproduction*[3]. »

---

3   Willy Lynch, dont le mot « lyncher » est formé d'après son nom, fut un brutal propriétaire des Antilles. Comme ceux de la colonie de Virginie avaient du mal à contrôler leurs esclaves, on leur a envoyé monsieur Lynch leur apprendre ces méthodes, dites de « lynchage ».

Ensuite, il conclut en disant : « *Mes frères propriétaires, je vous donne ici aujourd'hui le secret qui vous permettra de contrôler les Noirs[4]. Enseignez-le à vos enfants, inculquez-la à vos femmes et à vos proches. Ce plan est une garantie de résultats satisfaisants et durables pendant des millénaires à venir. C'en est assez de l'utiliser intensivement pendant une seule année. Assurez-vous de retenir vos esclaves dans une perpétuelle méfiance les uns vis-à-vis des autres.* » La technique de Lynch, celle qui visait à détruire la semence d'unité qui s'étendait entre les esclaves, demeure pendant des générations active et efficace, et continue de produire jusqu'à ce jour ses incroyables cynismes parmi les gens de couleur.

En effet, les hommes de couleur sont encore aujourd'hui méfiants les uns des autres. Ils sont incapables de mettre leur force en commun pour arriver à un but. Ils doivent faire beaucoup d'effort pour essayer de maintenir une initiative. Les blancs arrivent plus facilement à leur faire croire que leur haine remonte à la nuit des temps. Comme du temps colonialiste, les blancs font croire encore aux nègres qu'ils sont incapables de s'auto-diriger et de s'organiser parce que, malheureusement, ils n'ont pas été conçus pour ça. Et, aujourd'hui malgré notre « *soi-disant* » indépendance, nous demeurons de vils esclaves sous la forme la plus subtile. Dans notre mentalité tout comme dans nos actions, nous agissons et réagissons comme réagissaient nos ascendants du temps de la colonie. Il vaut mieux mille fois maintenir les liens d'esclaves physiques et avoir l'esprit libre que de remplacer les chaînes des mains et des pieds par celles de la pensée.

---

4   1920, le New York Times annonce que le « N » de « noir » portera désormais la majuscule.

3. Le handicap religieux

Ou le faux problème de l'inégalité entre les sexes

En 1952, l'ONU reconnaît aux femmes leurs droits d'avoir un salaire égal à celui des hommes. Ce qui est pour le moins équitable, étant donné que certaines femmes travaillent dorénavant au même titre que les hommes. Mais la question de la libération de la femme n'est qu'une polémique relevant d'un malentendu. En soutenant la controverse ridicule de l'inégalité des sexes selon laquelle les femmes doivent se taire dans les assemblées, l'église se rend coupable d'une mésinterprétation à partir de laquelle émerge la déchéance de l'homme dans la société. Or il est tout à fait convenable que certaines femmes comprennent mal qu'elles aient été conçues inférieures et destinées à être assujetties aux hommes. Ce en quoi elles n'ont pas entièrement tort. D'où l'émergence du féminisme, un mouvement propagandiste visant à accroître le rôle et les droits des femmes dans la société.

La conséquence de cette ignorance est lamentable. De nos jours, les femmes sont plus que jamais déterminées à se révolter et veulent prendre leur liberté de force « *quelle qu'elle soit* ». Mais de quoi veulent-elles se libérer réellement ? De l'incompréhension de certains hommes qui croient à tort que les femmes ont été formées pour être leurs esclaves? Au contraire, la femme a été créée pour être protégée par l'homme; pour être aimée et chérie par celui-ci.

La Bible enseigne que la femme fut tirée de la côte de l'homme tandis que ce dernier était tombé dans un profond sommeil[5]. (5) Le symbole de la côte, c'est la protection. Les côtes protègent les organes vitaux du corps. Ce syllogisme illustre les ineffables bienfaits de la présence de la femme dans l'existence et dans la vie de l'homme. Ce n'est que lorsque les perceptions déformées commencent à se trôner dans le royaume de

---

5   Selon Genèse II 18-24

la compréhension de ce dernier que la réalité commence à s'inverser et se renverser. Car ce féminisme[6] en plein essor, plus révolutionnaire que réformateur, peut-il vraiment libérer la femme ? Les femmes invalident leur « *asservissement séculaire* » et réclament l'« *affranchissement* ». Cependant, ce mouvement spontané engagé dans la cause des femmes et la lutte pour le divorce et l'amour libre est en train de modifier les véritables raisons de leur existence.

En voulant devenir semblable à l'homme, la femme cherche en réalité à se rapprocher de la « *masculinité* » qui est une dénaturation de sa souplesse, de sa douceur, de son aisance, de son individualité ; bref de toute la féminité qui constitue cette « *perle* » appelée à orner la race humaine et pour le plus grand bonheur de l'homme. De plus, en accomplissant des tâches masculines, certaines femmes continuent, du moins sont contraintes et forcées de continuer à accomplir en même temps des fonctions féminines familiales.

En rentrant du bureau ou du travail, la plupart des femmes (*une majorité, en tout cas*) sont souvent obligées à des tâches de mère de famille. En effet, l'épouse policière, la mère électricienne, la femme chauffeur de taxi ou ingénieure a un mari qui généralement espère d'elle l'accomplissement de sa fonction de femme au foyer. L'incompréhension de l'autorité produit le désordre et la souffrance de l'homme en général. Il faut retourner à la base pour redéfinir l'autorité. Car dans la claire compréhension de ce qu'elle représente, nul ne continuera à vivre et à

---

[6] Le féminisme, c'est-à-dire la lutte pour la reconnaissance des droits de la femme (droits éducatifs, économiques et politiques), a véritablement vu le jour dans la première moitié du XIXe siècle. La diffusion et le développement des revendications féministes ont notamment été rendues possibles par la presse et les associations. C'est le cas en France, par exemple, avec des journaux tels que la Femme libre (fondée en 1832) ou la Voix des femmes (1848). En Angleterre, le mouvement féministe des suffragettes, qui lutte pour le droit de vote aux femmes, a également son journal : The Suffragette (1912).

se mouvoir sans avoir un mentor à qui se confier et se soumettre.

4. L'absence de l'autorité paternelle dans les familles

Un autre facteur plausible capable de justifier l'antagonisme et le désaccord que certains gens développent vis-à-vis l'autorité, c'est l'absence des pères dans les familles. On dit qu'il n'existe d'expérience de plus épouvantable pour un homme que d'épouser une femme qui n'a pas connu son père ou qui n'a pas été élevée sous l'égide d'une autorité masculine.

J'imagine que cette affirmation froisse certaines femmes et incite certains jeunes hommes à trop réfléchir avant d'épouser une jeune fille qui ne connaît pas son père. Mais la vérité ne peut blesser que pour guérir. Nous vivons dans une société qui a besoin d'être remise ; autrement, comment vivront nos enfants en 2030 ou que devons-nous faire au regard de cette déchéance sociale grandissante ? Nous avons une responsabilité vis-à-vis de cette génération. C'est pourquoi, il serait inintelligent de votre part de considérer la parole dans son sens grotesque.

Il faut comprendre non pas la parole qui est dite mais l'esprit de ce qui est dit. Car lorsque nous savons qu'il est possible que ce problème émerge dans nos relations et est susceptible d'entacher tout notre avenir, alors la responsabilité qui vous incombe devient double. Or vous devez 'ipso facto' éviter que cette tragédie arrive à vos enfants. À bon entendeur, salut !

La raison en est qu'il faut que la femme mariée comprenne qu'elle est à charge de la lourde responsabilité de vivre en harmonie avec son mari afin que sa fille puisse avoir son père pendant sa croissance et sa puberté. La femme qui n'a pas été élevée dans un contexte familial, avec un père pour autorité et guide, comprendra difficilement la notion de l'autorité et la discipline nécessaire à une vie familiale. Cela va de soi, étant donné qu'elle n'a pas reçu les informations adéquates capables de lui permettre de contribuer à un environnement familial sain et profitable.

Le plus normalement logique du monde, on donne ce que l'on a. Or ce que l'on a, il faudrait bien l'avoir reçu de quelqu'un auparavant. Conséquemment, c'est naturel pour une femme qui n'avait pas l'habitude de rendre compte à une autorité de sortir sans se soucier d'une heure convenable pour rentrer à la maison. Dans sa plus jeune enfance, elle n'avait pas l'habitude de quelqu'un pour la conseiller, la chérir, la discipliner ou la punir quand il le fallait.

Une adolescente qui se maquille et qui se fait belle pour aller dans une fête d'anniversaire organisée pendant une nuit pourrait avoir l'autorisation d'une mère qui lui dira probablement de faire attention ou de ne pas rentrer trop tard. Mais un père aimant et responsable dira certainement à cette même jeune fille : « *Personne dans cette maison ne va nulle part ce soir !* » Ou le cas échéant, s'il semble manifester une tendance à accepter de la laisser partir, il va en revanche la poser toute une liste de questions comme : Avec qui elle sort ? Où elle va ? Qu'est-ce qu'il y aura là où elle va ? C'est quoi le programme ? À quelle heure elle va rentrer ? Qui la ramènera à la maison ? Qui est celui qui va la ramener ? Jusqu'à ce qu'il trouve des raisons assez pertinentes soit pour la conduire lui-même à la fête et lui donner l'heure exacte à laquelle il reviendra la chercher soit pour conclure carrément que cette fête n'est pas du tout une bonne idée et que, par conséquent, sa fille ne peut pas ou ne doit pas y aller.

Certains d'entre vous comprennent ce que signifie un père qui se désaccorde catégoriquement à son enfant sur une idée. Une fois que papa dit que personne ne va sortir de chez lui, sa rigueur et son ton sévère indiquent qu'il n'est pas nécessaire d'insister ni de se plaindre. Le mieux à faire serait de chercher une autre distraction dans la maison sans penser à s'apitoyer ni à s'engueuler avec son petit frère. Une femme qui a l'habitude d'entendre un père lui dire non pour une chose obéira plus facilement à un mari qui lui dit de ne pas penser à faire telle ou telle autre chose parce qu'il pourrait en résulter des conséquences fâcheuses.

Qu'est ce qui peut arriver à une famille dont l'épouse est une femme qui, dans sa jeunesse, n'avait pas connu l'autorité d'un père ; et qui à présent se retrouve mariée avec un homme qui a été conditionné par la croyance et la philosophie chrétiennes que l'épouse est faite pour être soumise à son mari ? Tout d'abord, la femme sera amenée à penser que le mari prétend pouvoir remplacer le père qu'elle n'avait jamais eu ou avec lequel elle ne s'était jamais accordée. Elle peut même répondre n'être jamais été l'esclave de qui que ce soit, comme si le mari se préparait à l'asservir. Comme un poulain auquel on n'avait jamais tenu les pulsions en bride, une telle femme peut manifester toutes sortes de mauvais réflexes capables même de mettre fin à la relation.

En pareille situation, il sera toujours difficile pour le mari de remédier au problème, car cela aura été le rôle d'un père qui n'a jamais été présent pour remplir un vide que personne d'autre ne pourra remplir à sa place. Dans un tel foyer, sauf si la femme en est consciente et décide de se laisser transformer par la Parole libératrice de Dieu, sinon il va y régner de la discorde et des disputes. La femme se plaindra n'avoir jamais obtenu de l'attention, de l'amour et de l'affection ; tandis que le mari, de son côté, se lamentera de n'avoir jamais tiré le respect, l'honneur et la soumission qui lui sont dus. Qu'est-ce qui va se passer finalement? Les époux vont commencer par se désengager l'un envers l'autre. Ensuite, les enfants vont être constamment témoins d'actes de violence verbale, émotionnelle et peut-être même physique avant de constater le divorce déchirant de leurs parents.

Toutefois, les conséquences dues à l'absence de l'autorité paternelle dans les familles ne sont pas une anicroche à sens unique. Car, contrairement aux dames, les hommes qui ont été élevés sans leurs pères ignorent, de leurs côtés, certaines notions pratiques pour traiter convenablement avec leurs femmes. N'ayant jamais connu le respect, la plupart des hommes perçoivent l'autorité comme étant un moyen pour arriver à une fin. Ils confondent autorité et dictature.

Certains hommes vont même jusqu'à demander à leurs femmes de faire des choses dont elles n'en sont pas capables, seulement parce que cela leur plaira ou leur fera du bien de voir combien ils sont forts et puissants. N'ayant jamais l'habitude de voir un père et une mère unis s'entretenir dans l'harmonie, s'entendre et se comprendre mutuellement, ces hommes peuvent développer le symptôme du vide émotionnel résultant d'une déficience paternelle ou d'un besoin de modèle protecteur et préventif.

Il y a également certains hommes qui, depuis leur tendre enfance, avaient l'habitude de voir leurs pères molester et brutaliser leurs mères. Ils ont été conditionnés et élevés dans une grande violence familiale. Il y en a qui, à force d'assister aux conflits de leurs parents, finissent par croire que les époux sont faits pour s'engueuler et s'entredéchirer. Conséquemment, un homme élevé dans un tel contexte familial reproduira irrémédiablement ces animosités dans sa propre vie de famille. Lorsque la femme avec laquelle il formera un couple lui fait du tort, il aura tendance à retenir ce tort continuellement sans trouver le courage nécessaire pour lui pardonner voire l'aimer à nouveau.

Ainsi, je recommande toujours aux époux et aux jeunes gens qui vont se marier de protéger le cœur de leurs enfants contre les querelles et les altercations conjugales susceptibles de se déclencher dans leur relation. Si, par mégarde, vous avez développé un désaccord et que vos enfants ont été témoins de cette dispute, tâchez de régler le problème et de vous réconcilier en leur présence. Cela leur apprendra qu'il est possible d'avoir des différends dans les rapports humains mais qu'il y a toujours une solution profitable à tous et que cette solution doit provenir d'un commun accord sans qu'aucune partie ne se sente lésée ou abusée. Parce qu'en tant que parents, nous sommes tenus moralement responsables de la formation et de l'éducation des enfants de demain.

Nos parents pouvaient avoir pensé contrairement, mais nous sommes une nouvelle génération à qui il incombe la lourde charge de réorienter le cap du navire. À une nouvelle génération correspondent de nouvelles visions ! Il serait dément de continuer à nous contenter des méthodes du passé tout en nous illusionnant de pouvoir en soutirer un meilleur résultat.

Gare à vous ! La génération à venir aura encore un plus grand défi à relever. Plus qu'aucune autre avant elle, la génération future aura besoin de l'aide de Dieu pour réussir leur mission. Déjà tous jeunes, plusieurs d'entre vous ressentent déjà le besoin irrésistible de vous fusionner avec le sexe opposé. Ce n'est point mauvais, car cela est la preuve que la génération de demain a hâte de se manifester, elle vous demande de l'engendrer. Mais vous devez lui répondre avec sang-froid que vous n'êtes pas encore prêt pour elle, et qu'elle doit attendre encore. Il n'y a rien de mauvais à ressentir le besoin de coucher avec une femme si vous êtes un homme ou avec un homme si vous êtes une femme, mais il est tout aussi noble d'attendre que le moment soit propice et plus profitable dans le contexte établi par le Créateur.

Cependant, toute la question réside dans la manière dont vous réagissiez lorsque ce désir, parfois funeste, se fait sentir, généralement en dehors de son contexte et dans un moment apparemment opportun. Certes, vous pouvez ressentir des besoins. Je dirais même que vous devez en ressentir. Car si, au contraire, vous n'en ressentez pas vous avez besoin de venir me voir afin que je puisse prier pour vous. Mais avec le désir du besoin de s'accoupler vient inévitablement la responsabilité et la force de dire non quand c'est non qu'il faut dire. Car « *non* » est une réponse acceptable.

5. Conséquences du péché et irresponsabilités

Pour décrypter la vérité qui est contenue dans les Saintes Écritures, il faut savoir lire entre les lignes. L'Écriture dit : Dieu créa l'homme à son image, Il le créa à l'image de Dieu, Il le créa homme et femme. Ensuite Elle dit : L'Éternel Dieu dit: Il n'est pas bon que l'homme soit seul; je lui ferai une aide semblable à lui [...] Alors l'Éternel Dieu fit tomber un profond sommeil sur l'homme, qui s'endormit; il prit une de ses côtes, et referma la chair à sa place. L'Éternel Dieu forma une femme de la côte qu'il avait prise de l'homme, et il l'amena vers lui[7]. L'homme est l'enveloppe qui renfermait les deux êtres masculin et féminin. En d'autre terme, la femme a été formée depuis le début, mais elle a été soigneusement enfouie à l'intérieur de l'homme jusqu'à ce que celui-ci se rende lui-même compte du besoin d'avoir un être semblable à lui.

À partir de ce moment, Dieu résolut de jeter un profond sommeil sur l'homme afin de tirer de lui sa compagne. Aussi, en recevant le droit de dominer, la femme également a reçu ce don. Il n'y a aucun endroit où Dieu demande à l'homme de dominer sur la femme. L'homme au contraire a un devoir et une responsabilité morale envers sa femme, et parce que c'en est ainsi, la femme, en retour, est tenue de respecter et de coopérer avec son mari. Mais il n'y a lieu nulle part d'assujettir ni d'asservir sa femme. Cela aurait été contre nature.

« *... Et il dominera sur toi* » n'est pas un appel à l'esclavage de la femme, mais une imputation qui délègue à l'être masculin la responsabilité du devenir de l'être semblable à lui et qui est issu de lui.

---

[7] Voir Genèse I 27 et II 18, 21-22

Comprendre l'autorité

Il n'incombe pas à Dieu le blâme de l'asservissement de la femme. Mais si la femme est subordonnée à l'homme, c'est pour ne pas donner à celui-ci le luxe de se justifier en prenant les mêmes excuses lorsqu'il lui sera demandé ce qu'il aura fait de sa famille tous les jours de sa vie.

Alors, aucune réponse du genre « *la femme que tu as mise auprès de moi* » ne sera acceptée, car l'homme a été déclaré autorité sur sa femme. L'homme est l'autorité de sa femme signifie qu'il ne devra plus la laisser décider de son chef s'il est convenable ou non de manger de l'arbre défendu, elle ne devra plus entamer une discussion avec le serpent à l'insu de son mari, car ce n'est pas à elle qu'on avait interdit de toucher de l'arbre. Ce sera, au contraire, à l'homme de décider de ce qui est bon à manger et d'en donner à sa femme. L'intégrité et le respect de la femme auraient été maintenus jusqu'à présent si le mari avait travaillé en guise de laisser à sa femme le loisir de déposer son curriculum vitae dans un bureau où le patron a le cervelet bien plus gros que le cerveau et que ce cerveau se situe juste au-dessous de son ventre.

L'autorité de l'homme sur la femme est pour la protection de celle-ci et le bien-être familial. Il y a une fonction spécifique pour la femme dans les foyers, et lorsqu'elle ne la comprend pas ou ne la remplit pas, les expériences finissent toujours par se transformer en désastres.

CHAPITRE 9

Les caractéristiques de l'esprit de rébellion

Pour commencer ce chapitre, je compte me servir de deux personnages bibliques qui, par leur attitude vis-à-vis de l'autorité, nous ont laissé une leçon de morale aussi nécessaire que pertinente. Il s'agit de Koré en Nombres XVI et d'Absalom en II Samuel XIII à XVIII.

Les comportements inconvenants et le châtiment de ces deux hommes devraient nous enseigner l'important besoin de protéger notre cœur contre le venin du monde extérieur et la nécessité de nous conduire sagement mais surtout respectueusement envers les autorités de notre vie. Lorsque l'état du cœur est mauvais, il constitue non seulement un obstacle entre l'homme et Dieu mais également plusieurs autres conséquences néfastes pourraient résulter de ce mauvais état intérieur. Ce n'est donc pas en vain que Salomon avait recommandé de « *garder notre cœur plus que toute autre chose ; car de lui, dit-il, viennent les sources de la vie.* »

Beaucoup de personnes, ne comprenant pas le domaine du cœur, pensent souvent que la cause de leur malheur vient de l'extérieur. Or tout ce qui nous arrive, les expériences bonnes ou mauvaises que nous faisons à longueur de temps sont sans conteste une expression de l'état de notre cœur. Car tels nous pensons dans notre cœur tels nous sommes. Cela a toujours été ainsi et le restera toujours.

1. La rébellion ne profite jamais

L'expérience de Koré
Dans Nombres XVI sont décrites certaines caractéristiques de l'esprit rebelle. Tous les hommes concernés par cette histoire étaient

des chefs dans la structure hiérarchique d'Israël lors de leur passage de la terre d'esclavage vers le lieu de la promesse.

C'étaient donc des hommes d'influence et de renommée accrue. Certaines personnes s'amusent à mettre à nu leurs chefs ; elles cherchent toujours à exhiber une faiblesse, un défaut ; bref, une raison pour se rebeller et montrer qu'entre elles et leur chef, il n'y a véritablement pas de différence. Souvent, la faiblesse de votre leader peut susciter un ministère dans lequel vous pourriez être utile.

Koré était de cette catégorie. C'était avant tout un homme intelligent qui passait le plus clair de son temps à évaluer et à chercher les moindres faiblesses endiguées dans le système de valeurs imposé par Moïse. Mais il ne se contentait pas seulement de les jauger et de les critiquer mais également il planifiait les moyens pour les destituer et les remplacer.

Selon certains commentateurs bibliques, Koré n'était pas un homme du peuple. De lignée noble, ce rebelle d'apparence physique attirante faisait montre d'intelligence et d'éloquence. Il avait de la bonne posture et pouvait facilement produire de l'effet sur les gens qu'il côtoie ou qui le côtoient. Il utilisait son charisme et sa grande capacité attractive pour manigancer des insurrections et induire le peuple, tout au moins une grande majorité, en erreur. Ce n'était pas difficile pour lui de trouver des gens pour adhérer à ses perfides projets de révolte et d'insubordination envers et contre l'autorité du peuple.

Ce comportement, pour le moins malsain, traduisait le désir intense de Koré pour le pouvoir et sa détermination à s'en accaparer, peu importent les moyens. La détermination et le savoir-faire de Koré l'avaient amené à contrôler près de deux cent cinquante hommes parmi ceux qui étaient des gens de réputation et de la noblesse du peuple. Cela signifie que le talent de cet homme était non seulement rare mais aussi

Les caractéristiques de l'esprit de rébellion

rassembleur et qu'il lui était aisé de réussir ses mauvais desseins. Car en convainquant un grand nombre parmi les hommes importants, cet insurgé s'assurait au moins de contrôler un pourcentage considérable de la plèbe en misant au côté de chacun de ses principaux lieutenants, entre autres Dathan et Abiram.

D'un autre côté, Moïse qui fut le leader auquel la lourde tâche de conduire ce peuple a été incombée et celui contre lequel ils complotaient pernicieusement, n'était pas un despote. L'auteur le dépeint comme un homme fort patient, plein d'humilité et qui évitait constamment les confrontations. Il avait d'ailleurs refusé de retourner en Egypte au risque de faillir être tué par Dieu.

Il serait presque possible d'admettre que Moïse pouvait être content même après avoir accepté douloureusement cette mission que Dieu trouve quelqu'un d'autre pour le remplacer dans cette responsabilité qui s'était avérée de plus en plus difficile pour lui. C'est parce qu'il fut aidé par son beau-père, Jethro et son grand frère, Aaron, qu'il a pu arriver jusque-là.

Comment, à présent, des hommes du peuple oseraient l'accuser à tort de profiteur et de tyran en proférant contre lui des paroles mensongères : « *Que cela vous suffise! Car tous ceux de l'assemblée sont consacrés, et l'Éternel est au milieu d'eux; pourquoi donc vous élevez-vous au-dessus de l'assemblée de l'Éternel ?* » (**Nombres XVI, 3**). L'esprit de rébellion n'est pas seulement récalcitrant et avide de pouvoir, c'est également un esprit diffamatoire et déloyal.

Les commérages sont pour lui un procédé lui permettant d'identifier ses partisans et un moyen auquel il se réfère souvent pour attirer le plus de gens à sa cause. S'il faut empirer la situation ou en donner une gravité qu'il n'en a pas l'air, l'homme possédé par un tel esprit, s'évertue à tout faire pour s'attirer l'attention et la partisannerie des autres. C'est pour cela qu'un homme prudent veille constamment sur sa démarche afin de savoir si dans son cœur ne s'accroît une telle idée qui est proprement une caractéristique ingrate et démoniaque.

Ainsi, la principale motivation de Koré consistait à destituer Moïse de sa fonction d'autorité afin de régner à sa place. Il y avait travaillé tellement fort et tellement longtemps qu'il pensait que, si ensuite le peuple procédait au vote pour substituer Moïse, il serait la personne la mieux positionnée parce qu'il avait accompli un travail impeccable parmi tout le peuple.

Par-là, Koré pensait pouvoir conduire le peuple de Dieu en terre Promise par une soi-disant démocratie : « *Tous sont saints, chaque homme a la capacité de discerner lui-même la voie de Dieu.* »

En d'autres termes, personne n'a besoin d'être guidé ni orienté par un autre. Tous les hommes ont l'intelligence qu'il faut pour arriver à l'accomplissement du but de sa vie. Or s'il en était vraiment ainsi, Koré lui-même serait encore en Egypte à gémir dans la traite égyptienne, souffrant de la faim et des supplices de l'oppresseur. De plus, si tous les hommes étaient saints, comme il le prétendait et s'ils n'avaient pas besoin de Moïse comme intermédiaire entre Dieu et eux ; comment Koré a-t-il pu penser qu'il pourrait être un chef utile à son tour ?

Cependant, en bon homme avisé et en sa qualité de serviteur de Dieu authentique, Moïse se refusait de réagir brusquement, comme tout imposteur l'aurait fait en pareille situation. Au fait, il se dérobait de confronter ces hommes cupides et cherchait à préserver leurs vies d'une fin désastreuse et inévitable.

Car, étant celui qui a l'habitude de partager l'intimité et les pensées de Dieu, Moïse avait compris ce que cela impliquerait de se rebeller contre l'autorité et contre Dieu. Lisez vous-même le passage et observez

Les caractéristiques de l'esprit de rébellion

attentivement les différences de perspectives entre les rebelles insensés et l'autorité authentique. Vous comprendrez par vous-même que même lorsqu'elle est mal comprise ou même si les sujets dépendant d'elle ne l'admettent pas encore ou ne l'admettront peut-être jamais, l'autorité protège toujours ceux qui sont sous sa garde et, par cette attitude s'engage à servir Dieu, même si parfois elle devra le payer de sa propre vie.

En revanche, distinguez les perspectives de Koré : Son objectif était de contrôler tout le camp en y introduisant des concepts de « démocratie ». D'abord, il informait les gens de ce qu'il allait faire ; il essayait de leur faire croire que dès qu'il aura conquis ce pouvoir, il permettra au peuple de décider de leur propre avenir ; qu'ils feront partie de leur propre destin. Ce qui insinuait qu'il n'en fut pas, et comme de fait, n'en serait de toute évidence pas le cas dans le gouvernement de Moïse. En fait, le système de leadership de Moïse était plutôt théocratique. Il parlait à Dieu en leur nom et Dieu lui dit ce qu'il faut décider pour leur avenir et en vue de la conquête de la Terre promise dont le Seigneur seul connaissait le chemin.

Et donc, Moïse ne pouvait pas être un « *démocrate* », du moins il ne pouvait pas se permettre le luxe d'être un homme flexible dans ses convictions et dans ses engagements, comme Aaron le montrait en entreprenant de donner au peuple tout ce qu'il lui demandait. Pour Moïse, ce peuple était un troupeau de « *brebis* ». Ainsi, en sa qualité de « vrai berger », il savait que les brebis ne discernent pas toujours les dangers auxquels elles peuvent être exposées.

En général et jusqu'à preuve du contraire, les brebis sont des bêtes naturelles, aventureuses et parfois démesurément idiotes et naïves. Les brebis, ce sont ceux qui, soit par ignorance soit par inexpérience, expriment des choses simples que tout le monde perçoit comme inextricables et délicates ; ceux qui sont d'une crédulité abrutie, d'une imprudence déréglée, d'une confiance déraisonnée et quelque peu ridicule.

Aussi, Koré voulait profiter de cette spontanéité et de cette nature puérile d'aventures et d'inconnus pour induire le peuple de Dieu en erreur et le mener du même coup à l'abattoir des conséquences néfastes de la désobéissance et de la révolte contre l'autorité et donc contre Dieu. Et c'est par cette intention perfide que Koré, la brebis galeuse du troupeau de Moïse, s'était attiré inéluctablement une fin désastreuse. Car personne n'ose se mesurer à Dieu ni s'opposer à son merveilleux plan sans se faire déchiqueter ensuite par ses propres flèches meurtrières.

Dieu a déclaré que personne n'a le droit de porter la main contre Ses oints. La raison en est qu'Il tient à eux comme à la prunelle de Ses yeux ; Il comprend leur engagement envers Lui et leur esprit de se sacrifier en vue du salut du plus grand nombre. David avait assez de bon sens pour non seulement comprendre cela mais aussi l'accepter comme un véritable modèle de justice auquel tout le monde devrait adhérer.

Tandis que David en avait en maintes fois l'occasion, il disait de Saül, son roi, qui le pourchassait en vue de le tuer : « *Je ne porterai point ma main sur l'oint de l'Éternel ; loin de moi l'idée de porter atteinte à sa vie* ». Aussi, David mettait en pièces l'Amalécite qui, en bon courtisan adulateur, se vantait d'avoir donné la mort au roi et à son fils : « *Que ton sang retombe sur ta tête, car ta bouche a déposé contre toi, puisque tu as dit: J'ai donné la mort à l'oint de l'Éternel !* » (**II Samuel I, 16**)

À moins de vouloir nuire à sa propre vie, personne ne devrait chercher à atteindre de quelque façon que ce soit un serviteur de Dieu et une autorité établie. Pour les hommes de David, il y avait de l'évidence que Dieu lui donnait la belle occasion de se venger de ce roi meurtrier et qui le haïssait tellement.

Les caractéristiques de l'esprit de rébellion

Mais David comprenait qu'il devait passer ce test et il s'est montré étonnamment prudent et intelligent.

Ainsi, lorsque voyant la fin imminente de ces hommes récalcitrants, Moïse les invitait à entrer sous sa tente afin de les convaincre de ne pas suivre cette voie périlleuse ; parce que, les sensibilise-t-il, c'était une impasse sans issue possible. Mais ayant franchi la ligne rouge, ils refusèrent. « *Nous ne monterons pas !* » (**Nombres XVI, 12**).

C'est l'exclamation et le comportement pitoyable du perdant aveuglé par sa traîtrise pensant que l'autorité allait négocier avec eux et partager ensemble leur sort. Et pourtant, désavantagés au départ et sans espoir de gagner dans ce vilain petit jeu qu'ils avaient commencé, Koré et ses acolytes avaient déjà prononcé eux-mêmes leur propre verdict et ainsi décidaient eux-mêmes de leur sort.

Point n'est besoin de comprendre la grande amertume de Moïse. On pourrait deviner les larmes qui se déversaient de ses yeux, lorsque connaissant ce que cela lui avait coûté d'amener ce peuple de la civilisation opprimante jusque vers une large liberté et la réalisation d'une grande promesse. Il devait finalement les confronter en un duel de partage dont Dieu sera Lui-même l'arbitre, mais cela ne lui a pas plu et il voulait sauver la vie de ces brebis galeuses.

Il y a aussi dans cette démarche de Koré une importante question de conséquences. Comment Koré était-il si déterminé à désavouer Moïse, son Chef lorsque connaissant que ce qu'il aura fait lui reviendra inévitablement en arrière-plan. Comment un homme aspirant à une position d'autorité peut-il s'amuser à médire ou à agir méchamment vis-à-vis de son Chef ? Ce sont là des questions que je vous invite à deviner vous-mêmes les réponses. La Bible dit : « *Ne vous y trompez pas, on ne se moque pas de Dieu. Ce qu'un homme aura semé, il le moissonnera aussi.* »

Un employé qui aspire avoir sa propre entreprise ne se plaît pas à dérober et à mal agir dans la compagnie d'un autre. Celui qui aspire à avoir ses propres affaires ne vole pas le patron pour lequel il travaille au risque de se voir dépouiller à son tour. Celui qui agit consciencieusement à l'égard de tous en ayant à l'esprit d'agir pour son propre compte est un homme prudent et sage. Le moment venu, il récoltera une mesure secouée, tassée et débordante. Parce qu'il y a un principe naturel de cause à effet attaché à un tel agissement : Agissez toujours à l'égard de tous tel que vous aimeriez qu'ils agissent à votre égard.

Jésus a enseigné cette loi en la formulant ainsi : « *Celui qui aura été fidèle en peu de choses se verra confier beaucoup plus de choses.* » L'employé infidèle ne deviendra jamais un patron, et celui qui est négligent dans les affaires d'autrui creuse une fosse dans laquelle il sombrera tôt ou tard. « *Celui qui se relâche dans son travail est frère de celui qui détruit.* » a renchéri Salomon.

Le défi est donc lancé. Le vin étant tiré, il fallait que tous les protagonistes engagés dans un tel ultimatum le boivent. Moïse a dû brûler le pont derrière lui et lancé un appel à Koré et à sa troupe contre lui et Aaron afin de déterminer en présence de Dieu et de tout le peuple celui que l'Éternel avait désigné pour conduire son peuple.

Aussi, chaque groupe devra faire un brasier, y mettra du parfum et se présentera devant l'Éternel. Sûr de lui, Koré demanda à ces hommes de faire comme Moïse avait dit et ils convoquèrent toute l'assemblée afin que tous soient convaincus de la déloyauté dissimulée de Moïse et de leur bienveillance ouverte et supposée « *démocratique* » à l'égard du peuple.

Entre temps, la colère de Dieu s'enflammait violemment contre ces hommes au moindre fait. Et comme je vous l'avais dit tantôt leur ignorance les engloutissait dès le départ. La Bible dit : « *C'est une*

Les caractéristiques de l'esprit de rébellion

chose terrible que d'être confronté en jugement avec Dieu. » Décidé à les exterminer tous, Moïse, encore lui, implore Dieu instamment d'user de Sa miséricorde en faveur du reste qui suivait Koré, Dathan et Abiram.

Et comme Moïse avait demandé qu'un événement inouï leur arrive pour prouver au peuple qu'il est un authentique serviteur de Dieu et c'est lui l'autorité établie d'alors, la terre ouvrit sa bouche, et les engloutit, eux et leurs maisons, avec tous les gens de Koré et tous leurs biens. Ils descendirent donc vivants dans le séjour des morts, eux et tout ce qui leur appartenait ; la terre les recouvrit, et ils disparurent au milieu de l'assemblée.

Et quoique témoins de cette fin inouïe, la Bible dit que dès le lendemain un autre groupe s'est à nouveau écœuré contre Moïse. Tandis que Dieu était déterminé à les exterminer tous, Moïse avait supplié instamment Dieu d'avoir égard à leur vie ; et en guise de gratitude, ce reste du mouvement protestataire accusa à nouveau Moïse de manigancer l'extermination du peuple. Ils accusent Moïse de faire mourir tous ces gens.

Ne comprenant pas ce à quoi ils devaient leurs vies, ce groupe de rebelles rescapés coupaient eux-mêmes la branche sur laquelle ils étaient tous assis ; ils étaient quant à eux déterminés à suivre Koré dans son séjour en enfer. Ainsi, furent morts quatorze mille sept cent rebelles sans compter ceux qui furent descendus tous vivants dans le séjour des morts avec Koré et ses lieutenants.

2. Qui était Koré ?

Beaucoup de personnes pensent que ceux qui agissent dans la malhonnête intention de blesser et de détruire agissent quelques fois par ignorance ou suivant un malentendu. Bien au contraire ! Il m'avait paru nécessaire de vous décrire le personnage de Koré afin de vous donner des indices et des traits caractéristiques proches de ceux qui tenteront de vous approcher pour vous demander de faire partie de leurs projets de révolte dont l'issue inévitable est souvent la mort.

Au fait, tout porte à croire que Koré avait eu raison d'agir de cette manière. La biographie qu'on disposait de lui le rendait aussi fiable que convainquant et il paraîtrait grossier à un homme du peuple de ne pas entendre ce qu'il avait à dire et éventuellement le suivre dans ses initiatives. Ainsi, avait-il de quoi s'imposer et quelque chose qui pourrait intéresser plus d'un. D'autant plus que cet intraitable rebelle était le cousin germain de Moïse et d'Aaron. Nos principaux acteurs étaient donc tous de la même lignée familiale, et possiblement avaient reçu les mêmes codes d'éthique et partageaient la même histoire, du moins en grande partie[1].

Koré était aussi un lévite[2]. Dans le judaïsme, un lévite est un membre de la famille de Lévi attaché, du moins potentiellement, à une fonction de prêtre dans l'ancien royaume d'Israël[3]. Ses descendants étaient des hommes placés à servir dans le temple. Tous les gens de sa famille étaient des ministres oints pour le service. C'étaient des gens qui servaient continuellement Dieu dans la tente d'Assignation. Ils n'étaient pas véritablement sacrificateurs, mais ils remplissaient une fonction de haut rang dans la hiérarchie sacerdotale[4].

---

1   Voir Exode 6, 21
2   Voir I Chroniques IX 17-19
3   Les lévites, dans l'Ancien Testament, désigne les membres de la tribu ou de la famille de Lévi, fils de Jacob, qui occupaient la fonction de prêtres dans l'ancien royaume de Juda. Jusqu'à la chute du royaume en 586 av. J.-C., les termes prêtres et lévites étaient interchangeables. Les lévites jouèrent ensuite un second rôle dans les cérémonies à mesure que la prêtrise devint la prérogative des descendants d'Aaron, lui-même descendant de Lévi.

4   Voir I Chroniques IX 31

Koré était également un talentueux chanteur[5]. Il était, en somme, un homme d'une grande influence et avait des possibilités et un potentiel à envier. Il était très religieux et très méticuleux quant aux affaires lévitiques et sacerdotales se rapportant au service dans le Temple. Les théologiens associent l'esprit de Koré à ceux de Caïn et de Balaam[6].

3. Un bel exemple de soumission

Dans le livre de Jude, les versets 8 à 12, l'apôtre rappelle un fait insolite qui s'est survenu entre l'archange Michel et Lucifer. Tandis que l'archange Michel devait affronter L'ange déchu, il n'a pas osé dire « *Je te chasse* » mais il a préféré dire : « *Que le Seigneur te réprime !* » Pourquoi

---

5 Voir II Chroniques XX 19
6 (1) Caïn, dans l'Ancien Testament (voir Genèse IV 1-16), est le fils aîné d'Adam et Ève, et le frère d'Abel. Parce que l'offrande d'Abel avait été préférée à la sienne, Caïn tua Abel, devenant ainsi le premier meurtrier de l'histoire. Caïn fut maudit et condamné à une vie d'errance. Un signe divin lui fut attribué de peur que le premier venu ne le tue. Quiconque ignorerait ce signe et tuerait Caïn s'exposerait à sept vengeances. Cet acte de cruauté est rappelé dans le Nouveau Testament (voir 1ère épître de Jean III 12 ; Épître de Jude, verset 11). Selon les spécialistes de la Bible, l'histoire de Caïn fait symboliquement référence à une ancienne tribu nomade appelée Caïn, qui portait un tatouage distinctif et avait la réputation de se venger férocement lorsqu'il était porté atteinte à l'un de ses membres.
(2) Balaam, prophète ou devin légendaire mésopotamien, originaire des environs de l'Euphrate et qui, selon le récit de l'Ancien Testament, se mit au service de Dieu après le célèbre épisode de l'ânesse. Selon le Livre des Nombres XX-XXIV, le roi de Moab, s'inquiétant de l'entrée du peuple juif sur son territoire, fit mander Balaam et le somma de maudire les Hébreux pour les en chasser. Balaam se résolut à se rendre à Moab, mais, sur sa route, l'Ange du Seigneur lui apparut, donnant lieu au célèbre épisode de l'ânesse parlante, qui refuse d'avancer et se plaint des coups que lui donne son maître. Balaam devint dès lors le porte-parole de Yahvé (Livre des Nombres XXII 21-33). Cependant, il incita les Juifs à pécher dans les bras des filles de Moab, qui les invitèrent à goûter aux sacrifices faits à leurs dieux (Livre des Nombres XXV 1-3 et XXI 16). Le personnage devint le centre de plusieurs développements ultérieurs : si certains textes évoquent surtout ses qualités de prophète, il fut également cité en mauvais exemple dans le Nouveau Testament pour ses méfaits (Épitre de Jude, verset 11 ; Apocalypse II 4). Tué dans le combat opposant les Juifs aux Madianites (Livre des Nombres XXI 8), Balaam incarne ceux qui, n'étant pas nés au sein d'Israël, admiraient néanmoins sa grandeur.

ne pouvait-il pas réprimer lui-même l'ange déchu ?

Dans l'ordre hiérarchique des cieux, notre bien-aimé archange et l'ange déchu faisaient partie du même rang. En fait, il semblerait que Lucifer aurait appartenu légèrement à un ordre supérieur. Aussi, il appartenait à Dieu et non à lui de le réprimer. Donc, on ne peut s'imposer sur quelqu'un qui a été placé juste au-dessus de vous. Il faut avoir un peu de bon sens pour le comprendre, mais c'est un principe Divin qui s'applique même et jusque dans le cas d'un ange déchu qui fut élevé à un haut rang dans la hiérarchie céleste.

En dépit de la traîtrise de Lucifer et de sa révolte contre Dieu, il n'était pas donné à l'archange de venger Dieu ni agir à sa place. La Bible dit que la vengeance appartient à Dieu seul. Ainsi, en disant cela à l'ange déchu, l'archange faisait preuve d'une grande sagesse. Ce passage montre à quel niveau de méticulosité le principe de l'autorité s'applique dans le monde spirituel.

4. La doctrine de Koré

Par définition, l'esprit de Koré est caractérisé par une mentalité de discorde et de désaccord. Il se manifeste en introduisant de petits mensonges et de la confusion dans l'esprit des gens contre l'autorité. Il est caractérisé par des pleurnicheries et toutes sortes de médisances contre l'autorité. Les adhérents à une telle doctrine ne sont jamais satisfaits (Nombres XVI, 3 et 13).

Il est possible qu'ils aient raison de critiquer, de s'apitoyer et de se désharmoniser avec les principes établis ; soit parce qu'ils sont véritablement des victimes d'une ingérence, soit qu'ils aient été offensés par la conduite du chef ou peu importe ; mais ils se plaignent constamment et cherchent à se faire des fanatiques, des partisans en vue de monter un rouage d'insurrection et c'est à coup sûr en ce sens que prennent naissance les grandes révoltes et la perte des hommes.

Les caractéristiques de l'esprit de rébellion

La deuxième caractéristique consiste à se déclarer être l'égal de l'autorité. Le fait de se comparer avec l'autorité insinue qu'il est possible de vivre sans son apport et sans son mentorat. Se mesurer à l'autorité, c'est chercher à se défaire de son entraînement et de son influence. Avant qu'une personne puisse s'opposer à vous, elle doit se mettre à votre place et insinuer que vous n'êtes pas indispensable. Et c'est ce à quoi Koré faisant référence, lorsqu'il disait : tous sont saints et à même d'entendre la voix de Dieu.

En d'autres termes, Dieu peut s'adresser à tous les hommes et il n'est pas du tout nécessaire de l'entendre par la bouche de quelqu'un d'autre. Koré pensait pouvoir éradiquer le phénomène spirituel de la médiation. Il pensait n'avoir pas besoin d'intermédiaire entre lui et Dieu. Koré ne disait pas cela parce qu'il était saint nécessairement ; mais plutôt il prétendait minimiser l'influence de Moïse et l'autorité d'Aaron.

La troisième caractéristique consiste à mettre de l'accent sur l'échec. Koré insiste sur le fait que Moïse n'a pas su honorer ses promesses. En d'autres termes, il note les failles et les manquements dans l'organisation et le mode de gestion de Moïse. En critiquant le leader et en mettant en question toutes ses décisions, vous dites deux choses : premièrement, vous insinuez que le leader est un menteur et deuxièmement, vous prétendez connaître au même titre que lui, la vision qu'il porte, et donc il n'est point besoin de le suivre, car vous connaissez vous-même le chemin.

Dans le verset 14, les rebelles semblaient vouloir dire à Moïse qu'il s'est égaré en chemin ; et que selon le « timing » de Dieu dont ils disposaient, le peuple devait déjà prendre possession de la Terre de la promesse. Et que si cela n'est pas encore, c'est parce qu'il n'est plus apte à les conduire et qu'il est maintenant temps qu'une autre personne prenne les rennes pour achever la mission.

Mais quel manquement ! Où étaient-ils lorsque Dieu a failli tuer Moïse à force que ce dernier résistait pour ne pas accepter cette mission ? Où étaient-ils lorsque Moïse devait affronter les hostilités de Pharaon ? Quels conseils avaient-ils su donner en face de la mer Rouge ? À présent, ils insinuent que Moïse n'est plus digne de confiance et qu'il n'est plus apte à les diriger ! Malheureusement, ils ne pouvaient prévoir les implications de tels comportements.

5. Les traits de caractère les plus « en vue » de l'esprit de Koré

Les gens atteints du venin koréite sont souvent séducteurs. Ils sont des gens qui ont du charisme à revendre. Ils sont magnétiques et ont une capacité énorme de persuasion et d'éloquence. Ce sont des gens qui peuvent prendre la parole en public et charmer des milliers de gens par une seule phrase. Ils adoptent un langage très spirituel. Ils sont des dévots de haut rang et semblent être constamment en contact avec Dieu.

Cependant, ils sont en réalité animés par un esprit de rébellion. Leur fausse spiritualité est la couverture sous laquelle ils cachent leur perfidie et leurs intentions malveillantes. Ce sont également des gens d'un caractère fort. Ils aiment que d'autres se soumettent à leur caprice sans pouvoir faire pareil. Ils veulent paraître et être visibles partout et en tout.

Ainsi, en suivant une personne de cette trempe, elle ne se sent pas responsable des conséquences susceptibles de vous advenir. Car elle-même ne connait pas ce en quoi elle s'engage. C'est la raison qui explique que les gens qui avaient suivi Koré dans sa révolte avaient été engloutis avec lui tout vivants. Ils n'avaient peut-être pas l'intelligence pour monter un tel mécanisme ; il se pourrait même que certains d'entre eux avait rejoint le groupe au matin même de sa chute. Mais c'est à vous qu'il revient d'avoir l'intelligence et le bon sens pour juger

Les caractéristiques de l'esprit de rébellion

ce qui est bien de ce qui est mal. Chacun paie pour le choix qu'il a fait. Koré n'était pas responsable de leur perte mais eux-mêmes.

En dernier lieu, ce sont des gens qui aiment jouir des privilèges pour lesquels ils n'ont payé aucun prix. Ils n'aiment pas les structures organisationnelles. Ils sont désordonnés dans leur esprit. Ils ne prennent part qu'à l'autorité suprême dans une structure hiérarchique. En d'autres termes pour un problème, ils veulent voir le pasteur et non un diacre et non un simple leader de département. Quoique soi-disant spirituels, ces gens ignorent complètement le mode de fonctionnement de Dieu. Car ceux qui s'accordent avec Dieu n'oseront jamais se mettre au travers du chemin d'un leader quel qu'il soit.

Tandis que lors de la traversée de la mer Rouge, ces ramassis se plaignaient contre Moïse, le psalmiste dit que ce fut contre Dieu qu'ils marmonnaient des reproches et lançaient des flèches de sévérité. Ainsi, en médisant de votre pasteur ; en disant du mal de vos parents, en méprisant votre professeur ou le préfet de discipline de votre école, en lançant des propos mal tenus à l'endroit de votre gouvernement, c'est contre Dieu que vous lancez des flèches de réprobation, c'est après Lui que vous en avez.

Les personnes atteintes du syndrome de Koré ne se contentent jamais de leur position ; elles ne sont jamais satisfaites avec l'autorité qu'elles détiennent. Une personne incarnée de l'esprit de Koré est souvent envieux de la position des autres. Ce sont des personnages « *cardiaques* » qui pensent égoïstement que tout ce qu'il y a de bon doit leur revenir de droit.

Ils sont donc très critiques vis-à-vis de l'autorité. Ils vous induisent en erreur tout en ne pas se souciant des conséquences néfastes que cela pourrait avoir sur votre vie. Ces gens se tiennent en arrière lorsque leurs suggestions ne s'appliquent pas. Ce sont des gens qui ne font pas la différence entre suggestion et ordre. Leurs conseils sont des ordres. C'est un esprit prééminent et contrôleur. Ce sont des « *m'as-tu vu* » qui sont trop soucieux de leur impact sur les autres et sur la façon dont ils s'imposent.

6. Méthodes de Koré

Selon Exode XVI, 1 à 3, les personnes de la trempe de Koré recherchent des gens avec qui comploter contre l'autorité. Ainsi. Approche-t-on, le type de Koré essaie de vous recruter à sa cause. Et généralement, ce type de personnalité n'approche pas n'importe qui, ils recherchent ceux qui sont capables comme lui de faire impression sur les autres. Ainsi, il s'assure que le mouvement gagnera du terrain plus vite et bien.

Donc, en recrutant une personne d'influence Koré s'assure d'avoir le contrôle de toutes les autres personnes qu'elle puisse influencer à son tour. En lançant une pierre, il sait avoir fait plusieurs coups. Ensuite, ils s'assurent de faire tous ensemble la promotion de leurs propres mauvaises idées. Ils en font une campagne de propagande.

7. Discernement de l'esprit d'Absalom

Contexte de la révolte d'Absalom

Absalom vécut au Xème siècle Av. J-C. Dans l'Ancien Testament, il est représenté en tant que le troisième fils de David, roi d'Israël et de Juda. Selon la Bible (*voir le 2e livre de Samuel, XIII-XIX*), Absalom fit assassiner son frère Amnon à cause du viol de Tamar, leur sœur. Plus tard, il se révolta contre David et, après avoir poussé le roi hors de Jérusalem, fut vaincu à la bataille de la forêt d'Éphraïm. Il se prit les cheveux dans un chêne et fut tué par Joab, général dévoué et fidèle serviteur du roi David.

David pleura sur son fils en disant : « *Mon fils Absalom, mon fils, mon fils Absalom ! Que ne suis-je mort à ta place, Absalom, mon fils, mon fils*

! » (2e livre de Samuel, XVIII, 33). Il était donc un fils bien-aimé du roi David.

Alors à la cime de sa gloire, cet éminent monarque de la nation Juive commet le crime d'adultère qui l'amène au meurtre. Le roi s'éprend de Bethsabée, épouse de son fidèle serviteur Urie. La jeune femme étant tombée enceinte, il envoie son mari, de soldat à la pointe des combats pour qu'il y trouve la mort (2e Livre de Samuel, XI, 2-27). Puni de Dieu, David perd l'enfant adultérin.

Ses autres fils troublent également la sérénité du roi ; ainsi, Absalom, révolté contre son père et vaincu au combat, échoue piteusement dans sa tentative de rébellion et meurt ; de même, son fils aîné, Adonija, tente une révolution du palais afin de s'assurer la succession au trône.

8. Ombre sur le règne du roi David

Dans le Psaumes LV 12-14, le roi David se plaint d'avoir à affronter non des ennemis extérieurs mais son propre fils. Le contexte de cette trahison ne pouvait affecter autrement David. Car ce qui devait lui causer préjudice est le fait que c'était son propre fils. Si c'est un étranger qui dit du mal de vous, cela pourrait ne pas trop vous faire de la peine ; mais lorsque c'est votre ami, votre propre femme, vos propres enfants, vos propres parents, l'impact est bien plus considérable !

Ainsi, observez chez David la teneur de la consternation de savoir que c'est Absalom qui se révolte contre lui. Cette situation est décrite par certains commentateurs bibliques comme une conséquence du crime de David. Mais nous n'allons pas en rester là, car conséquence ou non, l'initiative d'Absalom est le sujet principal de ce paragraphe.

L'enseignement de cette histoire nous invite à protéger notre cœur. Car il se pourrait que votre plus grande déception arrive de la personne à laquelle vous vous attendiez le moins.

Vous ne devez pas être surpris lorsque quelque chose vous arrive et que la personne qui trame le complot est votre femme ou votre enfant. Vous devez également apprendre à discerner les personnes auxquelles vous donnez accès aux chambres intimes de votre cœur. Le malheur le plus éprouvant, c'est de ne pas savoir comment faire la différence entre les personnes qu'il faut donner accès et celles auxquelles il faut interdire l'accès à notre intimité.

En d'autres termes, vous devez évaluer d'abord, avant de décider qui pourra y accéder ou non. Certaines personnes, même si elles sont assises à coté de vous, ne méritent d'être entretenues que sur des généralités de la vie, telles : la météo, l'érosion de l'environnement, le phénomène du réchauffement climatique et les offres parues dans les petites annonces. Et si vous aimeriez les entretenir longtemps, assurez-vous de les garder à ce stade jusqu'à ce qu'elles fassent preuve d'un peu plus de dignité et maturité.

9. Pourquoi Absalom se révolta-t-il ?

L'histoire et son contexte (*nous venons tout juste d'en faire une brève narration*) se trouvent aux chapitres XIII à XVIII du deuxième livre de Samuel. Mais je voudrais seulement souligner pour vous les raisons qui suscitaient Absalom à se révolter contre le roi, son père. Ces raisons sont importantes parce qu'elles pourraient servir de caractéristiques à toute personne qui soit animé d'un tel esprit.

Tout d'abord, Amnon, son frère consanguin, avait violé Tamar, sa sœur. Absalom qui s'attendait à un châtiment du roi contre Amnon pour ce crime, a dû attendre deux ans avant de se décider de venger sa sœur germaine. Pour y arriver, Absalom s'était servi de David, son père, pour persuader Amnon de venir au festin qu'il donna chez lui. C'est à cette fête qu'il ordonna à ses serviteurs de tuer le victimaire (*l'auteur du viol*) de Tamar.

Reconnaissant avoir trompé le roi dans le but de tuer son frère, le fils de son père, Absalom a pris la poudre d'escampette et la résolution de ne plus revenir dans la cité royale. Le roi, affligé à la nouvelle de la mort d'Amnon et de la fuite d'Absalom, s'était montré inapte dans l'exercice de ses fonctions.

Aussi, son fidèle serviteur, le général Joab, envoya une femme pour convaincre le roi de pouvoir l'ordonner de partir à la recherche du meurtrier de son fils, pour le ramener à Jérusalem. De retour au royaume, Absalom avait entretenu de la haine dans le cœur pour son père.

Premièrement, parce qu'il n'avait pas pris la décision de punir le comportement criminel d'Amnon, et ensuite pour avoir couru après lui tout en lui forçant à prendre l'exil, lorsqu'il avait décidé de rendre justice à sa sœur. A présent, revenu dans la cité royale, on lui avait interdit l'accès à la présence du roi. Tout ceci constituait des raisons pour Absalom d'entretenir dans son cœur les semences d'une grande vengeance.

Offensé dans son orgueil, cet enfant rebelle et justicier, provoqua Joab, le général, fidèle serviteur du roi, afin que celui-ci puisse transmettre à son père sa requête de le voir afin d'enquérir sur les reproches qu'on retenait contre lui et quel pourrait être le châtiment qu'on lui réserverait. En guise d'être traité à la dimension de son acte de trahison, Absalom reçut un traitement de faveur de la part de son père ; ce qui lui facilitait certains mécanismes de machination pour mieux organiser une nouvelle insurrection et celle-ci plus meurtrière et définitive.

10. La révolte d'Absalom peut-elle être légitimée ?

Il paraît un peu mal aisé de se prononcer sur ce sujet sans correction ni sans chercher à élaborer en fonction du principe de l'autorité. De prime abord, Absalom avait tué Amnon son frère, pour avoir violé sa sœur Tamar. David, leur père, devait avoir son mot à dire sur l'incident. Son indifférence a provoqué la haine chez Absalom, et s'est introduit dans une position qu'il ne lui appartenait pas d'occuper. Ces genres de situation arrivent dans le leadership où le chef agissant, mollement vis-à-vis d'une injustice, suscite une révolte parmi les personnes qui le suivent.

La passivité de David avait aussi inspiré de l'insécurité au sein de sa propre famille. Et Absalom nourrissait et conduisait ce sentiment dans tout le royaume en faisant croire au peuple que si le roi est incapable de rendre justice aux membres de sa famille, s'il ne peut même pas leur procurer un climat de sécurité, il n'est plus digne d'être leur roi. Et, comme Absalom avait rendu justice à la place de son père, il s'est fait une image d'un « *roi* » plus adéquat aux yeux de tout le peuple. Ainsi, il pensait pouvoir justifier sa révolte et son désir de rendre justice aux opprimés de la Maison d'Israël.

11. Caractère injustifiable de la révolte d'Absalom

En plus de n'avoir suffisamment d'autorité morale en matière de contrôle de ses instincts sexuels, il était difficultueux pour le roi de blâmer et de corriger illico l'acte odieux d'Amnon. Et pourtant, une réaction rigoureuse de la part du roi s'imposait. David devait faire face au fait indéniable qu'il s'agissait de son fils. Ainsi, semble-t-il qu'il tolérait le crime commis contre Tamar au lieu de le confronter.

Les perspectives et les points de vue de David et d'Absalom étaient donc contraires. Remarquez la façon dont il réagissait, lorsqu'obstiné à être introduit dans la présence du monarque, Absalom avait fait

Les caractéristiques de l'esprit de rébellion

incendier le champ de Joab. Il faut voir aussi la réaction du roi face à la nouvelle de la mort d'Absalom. Ensuite, il y a aussi le sentiment de David, l'amour qu'il partageait pour chacun de ses enfants Il était clair que devant toutes ces brouilleries, David ne savait pour quel parti prendre. Il aimait Amnon au même degré qu'il avait aimé Absalom et sa sœur Tamar. Ainsi, son sentiment pour ses enfants, était une entrave à sa lucidité pour rendre justice à l'un et prendre des mesures punitives contre l'autre.

Connaissant le talon d'Achille de son père, Absalom utilisa cette faiblesse pour s'emparer de la royauté en cherchant à soulever le peuple contre le monarque d'Israël. Dans le même registre, David fuyait lorsqu'il apprenait qu'Absalom et toute une armée étaient en route à sa rencontre. A rappeler que non seulement David disposait d'une armée probablement plus puissante et mieux organisée, de la garde royale en plus d'être lui-même un guerrier de renom, il avait préféré s'enfuir pour n'avoir pas à combattre contre un enfant qu'il chérissait et qui connaissait tous ses points faibles.

En plus d'avoir à affronter Absalom, David devait aussi affronter une grande majorité de sa population. Absalom, comme bon manœuvrier politique, avait conquis leur cœur, les faisant croire qu'il rendra justice à tous ceux auxquels son père n'en avait jamais rendu. Conséquemment, pour éviter un bain de sang et des remords non nécessaires, David a eu la sagesse de s'enfuir en guise de tenir tête à son enfant et à son peuple.

Dans cette veine, David avait pensé que la meilleure façon de sortir de cette troublante crise était de laisser à Dieu le soin d'envisager Lui-même la solution convenable et faire justice à qui cela est dû. Or par principe, Dieu n'abrogera jamais la loi qu'Il a déjà établie. David avait été oint par Samuel sur le choix et l'insistance de Dieu. Il était encore le roi légalement reconnu même en étant fautif devant lui.

Comprendre l'autorité

Et par coutume, il revient toujours à Dieu le plein droit de juger ses serviteurs et de les châtier comme bon lui semble. C'est pourquoi, celui qui veut réussir doit se mettre d'accord avec Dieu.

L'esprit de rébellion, en somme, est destructeur et de par son essence n'est profitable à personne. Les expériences de Koré et d'Absalom nous le prouvent et nous enseignent certaines leçons remarquables qui resteront gravées dans nos mémoires d'homme et nous montrent également que Dieu ne tergiversera point sur ses normes et principes.

CHAPITRE 10

Autorité et liberté

1. Une nouvelle façon d'approcher la notion de la « liberté »

Les sciences humaines ont montré au XXème siècle que les hommes sont conditionnés dans leur inconscience et leur milieu familial, comme le révèle la psychanalyse, et par leur milieu social, comme il apparaît dans l'approche introduite par la sociologie.

À en croire certains érudits, le mot « *liberté* » se rapporterait à notre ignorance, tandis que pour d'autres penseurs, il se référerait à l'idée qui gouverne l'existence humaine. Parallèlement, selon une définition classique du dictionnaire, la liberté se définit comme étant l'état dans lequel un sujet peut agir sans contrainte ni obstacle, et qui lui permet de déterminer en toute autonomie les fins de son action ainsi que les moyens d'y parvenir. Cela toutefois n'exclut pas les conséquences qui dérivent de nos mauvais choix. D'où justement la raison d'être de l'autorité.

D'un autre point de vue, Montesquieu affirme qu'on pourrait distinguer deux principaux types de liberté: la « *liberté philosophique* », qui consiste dans l'exercice de la volonté et la « *liberté politique* », qui désigne les droits des citoyens au sein d'une société[1]. Cependant, sans vouloir contredire les penseurs scientifiques ni commenter la pensée de Montesquieu, j'aimerais proposer ma propre perception relative à la notion de liberté.

---

1   De l'esprit des lois, © 1748

Pour moi la liberté, c'est de la compétence en application. En d'autres termes, être libre, c'est être apte à juger soi-même de ce qui est bien et de ce qui est mal et avoir le bon sens de pouvoir choisir entre les deux. Lorsque, par exemple, un homme prend des surdoses de drogue ou fait des excès d'alcool, sans que personne n'en soit capable de l'interdire, ce n'est pas cela la liberté, pour moi. L'homme libre, c'est celui qui, en dehors de toute forme de contrainte, développe une capacité suffisante de se juger lui-même les effets néfastes de la drogue ou de l'alcool et de décider résolument s'il est bon ou non d'en consommer.

De cette façon, lorsque nous disons que tous les hommes ont été créés libres et égaux signifie que nous avons tous reçu de Dieu la capacité de nous déterminer de par nous-mêmes. Nous avons tous reçu le pouvoir de nous façonner ou de nous détruire, et que cette liberté est conditionnée par notre propre pouvoir de choisir. C'est cette liberté qui fait que l'homme reçoive toujours la récompense pour ces bons choix et paie pour ses mauvais choix.

Curieusement, cette « *liberté* » n'est pas autonome. Elle est contrôlée et mécanisée par les lois de la création. En effet, selon la loi de la pesanteur, si un homme choisit de se jeter du haut d'une falaise, il importe peu qu'il soit un saint ou un malfaiteur, il s'écrasera inévitablement. Selon la loi de cause à effet, si j'ai choisi d'introduire mon doigt dans une prise électrique sans que le courant ne soit interrompu, il va de soi que je vais me faire du mal. La liberté, en somme, permet à l'homme d'appliquer son expertise de manière à remplir la part de mission pour laquelle il a été créé. Paul a affirmé : « *C'est pour la liberté que Christ nous a affranchis.* » Or nous sommes affranchis en devenant conscients de notre véritable identité en Dieu.

2. La Loi nous rend libres

Le secret de la vraie liberté, c'est l'obéissance. Prenons l'exemple que vous savez conduire et que vous devez vous rendre en ville. Dans votre voiture, vous roulez sur la route et d'un instant vous avez l'impression que la chaine de voitures est au ralenti. Curieux de savoir ce qui se passe, vous demandez à un conducteur dans la file inverse de vous informer de ce qui se passe devant. Celui-ci vous a répondu que c'est l'inspection de routine effectuée par la police.

Du coup, vous cherchez votre assurance et votre permis de conduire. Ne les ayant pas trouvés, vous devenez anxieux, cherchant rapidement un raccourci pour échapper à la punition qu'exige la loi. Pourquoi, d'entre tous les conducteurs, vous êtes celui qui soit miné par la peur de faire face à l'autorité policière ? Parce que vous savez que vous avez enfreint une loi.

Mais considérons le cas de figure opposé : votre assurance et votre permis de conduire sont loin d'être périmés et vous les avez avec vous. Le contrôle routinier ne vous impressionne pas. Au contraire vous avez hâte de montrer à la police combien vous êtes un citoyen modèle et un homme respectueux des principes. Vous voyez !? La même loi, le même contrôle de routine mais deux réactions différentes.

Lorsque vous faites ce qui est prescrit par la loi vous êtes protégé par elle, et vous êtes libre de faire tout ce qui semble bon pourvu que cela soit dans les limites établies par cette dernière. La loi qui interdit de rouler sur l'autoroute sans votre permis de conduire et sans une assurance-véhicule valide est la même qui vous protège contre tout comportement inacceptable et dépassé de l'autre et passible de sanctions. Une bonne interprétation de la loi garantit la protection de celui qui agit dans les limites de ce qu'elle établit (Romains XIII, 4-5).

La loi aussi dure qu'elle puisse paraître est établie dans le but de nous protéger et nous permettre de nous émanciper mutuellement. La loi qui nous impose de bien agir à l'égard d'autrui est la même qui contrait autrui à bien agir à notre égard. Et donc, il n'existe pas de loi répressive pour celui qui agit dans les limites de ses droits et accomplissant son devoir.

3. Manifestation de l'esprit de liberté

La rébellion peut se révéler parfois la réaction juste. Peut-être qu'en lisant cela, vous vous demandez : En quoi la rébellion peut-elle se révéler positive ? La rébellion prouve que l'homme n'a pas été créé pour être asservi et que la liberté est innée chez l'homme. Combien d'entre vous se sentent à l'aise sous l'oppression et la domination ? Personne n'aime s'accommoder à la servitude et la domination, parce l'homme porte en lui l'Esprit (*l'image*) de Dieu qui est un esprit de liberté et de grandeur et qui résiste aux forces extérieures assujettissantes.

Ce n'est pas sans conséquence que toute la base de la formation militaire repose sur l'apprentissage de l'ordre. On apprend aux soldats à se soumettre aux ordres sinon les expériences militaires pourraient être de véritables désastres. Celui qui a été créé pour dominer n'acceptera jamais d'être dominé.

La rébellion révèle la nature et les caractéristiques divines chez l'homme. Lorsqu'un homme est en rébellion, il exprime son désir et son droit de vivre dans la liberté. Paul a stipulé en ces termes: « c'est pour nous procurer la liberté que Christ est venu dans le monde ». Et quand Dieu donna à l'homme le pouvoir et l'ordre de dominer sur le contenu de la création, la femme a reçu ce droit également. D'où l'émergence du féminisme. Car Dieu dit à l'homme de dominer sur la création et non « l'un sur l'autre ». Dieu n'a jamais demandé à l'homme de dominer sur son semblable. Cela n'a jamais fait partie de son plan. Le respect de l'autorité répond à un processus. Pour arriver au sommet, il faut commencer par la grotte.

En Genèse 2, L'Esprit de Dieu nous rapporte une histoire émouvante par la bouche de son saint serviteur Moïse: Dieu créa l'Homme à son image et lui a donné le droit de dominer. Qu'est-ce à dire ? Indépendamment du choix que vous faites d'être croyant ou non, l'espèce humaine possède en général en lui cette potentialité de dominer sur toute la création.

Le genre humain peut être comparé au fer à vapeur. Le fer a la potentialité de défriper le linge à chaud moyennant une connexion à une source d'énergie électrique. Plusieurs pensent que la foi est spirituelle d'origine et de nature.

En réalité, la foi est un principe universel applicable à tous les hommes. Donc, peu importe le statut social d'un homme, s'il sème dans un champ et applique les principes de l'agriculture, il récoltera le centuple des graines semées. Vous n'avez pas besoin d'être un érudit pour comprendre cela, observez la nature ! De nos jours, certaines personnes semblent perdre leur bon sens. Ils pensent que Dieu va envoyer un corbeau pour les nourrir et qu'il n'a point besoin de travailler et de semer, ils vont récolter et avoir de quoi nourrir leur faim.

Le corbeau du temps d'Elie indique que Dieu s'engage à pendre soin de nous, mais c'est lorsque nous nous sommes décidés ou forcés de nous enfouir dans le désert. De nos jours Il y a bien des choses que l'homme situe en dehors de leur contexte et attend que Dieu agisse selon leur désir faussé et irraisonnable. La foi est simplement un principe de la nature comme la capacité de dominer qui est une potentialité inhérente à la nature humaine. En résumé, le Créateur Tout-Puissant créa l'homme à son image et lui donne le pouvoir de dominer. Autrement dit, celui-ci possède le pouvoir de domination par le simple fait d'être créé à la ressemblance de Dieu. Or, l'homme c'est un esprit possédant une âme et qui vit dans un corps.

Au regard de l'étendue de l'hégémonie humaine, il y a lieu de se questionner : pourquoi l'Homme a autant de valeur ? David dit : Tu l'as conçu de peu inférieur à Dieu et lui a donné la domination. L'Homme est la seule autorité agissante sur la terre. Aucun esprit, fût-il saint ou démoniaque, ne peut se mouvoir sur la terre en dehors de la permission et de la participation de l'Homme. Toute la litanie satanique qui se répand est l'apanage de ceux qui comprennent que seul l'homme est habilité à agir sur terre. Puisque l'homme est une potentialité qui a besoin d'une alimentation spirituelle et selon la nature de son alimentation, des bienfaits ou des malheurs sont susceptibles de se produire sur terre.

Le phénomène grandissant de l'insécurité, du marché noir et de la mauvaise gouvernance révèlent de l'ignorance de l'Homme qui s'est laissé diriger par un esprit mauvais. Satan est un esprit inopérant à moins que l'être humain décide de lui donner l'accès et par le biais duquel il peut agir selon son bon vouloir. Un esprit, quel qu'il soit, ne peut rien faire sur cette terre à moins de trouver un homme qui soit en accord avec lui et lui permettant d'utiliser son corps. En réalité, sur la terre il n'y a qu'une seule espèce capable de se mouvementer, de raisonner et d'agir, c'est l'Homme (*c'est-à-dire l'espèce humaine*).

Dans tout le système cosmique, la terre est la planète qui, à elle seule, est composée d'environ 21% de tout l'oxygène disponible. Vous pourrez dire : pourquoi c'est seulement 21% d'O2 que nous ayons, et non plus ? Mais, saviez-vous aussi qu'au-delà ou en-deçà de ces 21% d'oxygène, la planète entière serait tout simplement invivable. Et si elle avait 19%, la vie serait également trop difficile, parce qu'il ferait trop froid et que l'être humain se congèlerait. Dieu connait exactement ce qu'il fallait à la terre pour la rendre confortable et aussi attrayante qu'elle en ait l'air. Dieu connait la proportion d'oxygène relative au nombre d'hommes, de plantes et d'animaux qui vivent sur la terre, et il a fixé cette osmose à 21%.

Donc, l'homme est un serviteur et un medium par lequel l'Esprit du Seigneur ou tout autre esprit peut s'exprimer et se manifester. Nous reconnaissons quel genre d'esprit qui incarne l'homme en fonction des actions qu'il pose et les résultats qui en découlent. Pourquoi les esprits ont-ils besoin de l'homme pour se manifester ? Saviez-vous que la terre est pratiquement la seule planète ou la vie humaine est aisément possible ?

CONCLUSION

Je ne saurais clore cet ouvrage en prétendant épuiser à fond la thématique, puisqu'à mesure que l'homme évolue, les sciences évoluent. Au fait, ce qui doit être nécessaire de retenir notre attention, c'est que je viens de poser une problématique qui concerne ou qui devrait concerner tout le monde. Ce n'est nullement une question haïtienne. C'est une problématique qui concerne toute la gente humaine, mais nous avons essayé un tant soit peu de l'adapter. Nous pouvons comprendre qu'à des degrés divers et à des échelons plus grands, les problèmes peuvent se poser différemment. Car, là où il y a regroupement d'individus, société entre autre, la nécessité d'avoir des personnes en position d'autorité se fait toujours sentir pour régler certaines difficultés ou dissensions sociétales et, donc l'organisation sociale. Mais il faudra aussi des principes qui pourraient régir les rapports entre l'autorité établie et les gens.

www.ingramcontent.com/pod-product-compliance
Lightning Source LLC
Chambersburg PA
CBHW071451080526
44587CB00014B/2064